A MULHER DIANTE DO ESPELHO

Karina Zulueta

"Os homens são como as estrelas; alguns geram a sua própria luz, enquanto outros apenas refletem o brilho que recebem."

José Martí

ÍNDICE

Sinopse

Madrid, Espanha. A pequena Marina, nascida para completar o sonho familiar de um atraente casal de classe média. Sua vida estava destinada à felicidade perfeita; no entanto, o inferno se escondia por trás das paredes da sua casa. Para ela, a única forma de escapar é transformando-se em Beatriz: uma mulher atraente e fria, capaz de destruir tudo o que possa lhe fazer sofrer. Ambas as mulheres conhecerão a morte, a mentira, o amor e a paixão, enquanto descobrem que fazem parte do mesmo destino.

Com uma história intrépida e comovente, A Mulher Diante do Espelho apresenta a história de duas mulheres marcadas pelo sofrimento e pela luta em um mundo masculino obscuro. Uma homenagem a todas as mulheres que resistem ao sofrimento e descobrem que a verdadeira força está sempre dentro de si mesmas. Basta olhar para o espelho e acreditar na pessoa refletida.

Prólogo

Escrevi este livro num dos momentos mais difíceis da minha vida. Boa parte da escrita foi gerada por uma grande incerteza e busca pessoal. Escrever foi válvula de escape e uma forma de exorcizar os demônios com os quais eu lutava.

Minhas experiências pessoais estão misturadas numa ficção onde a personagem principal conduz uma história que oscila entre a realidade e a fantasia. Relações incessantes, assassinatos e romances que a levam a uma exploração do mundo obscuro do erotismo e da arte do BDSM.

É difícil definir o gênero do meu trabalho e ser rotulada era o meu maior medo. Acredito que Marina e Beatriz representam uma dualidade que está subjacente a todos nós; seres apaixonados e racionais. Criar uma personagem que encarna estas duas perspectivas foi um desafio interessante.

Espero que vocês, leitores discretos e aventureiros, apreciem a história de A Mulher Diante do Espelho, espero que descubram que a verdadeira alma gêmea está dentro de nós mesmos.

Porto, Portugal. 2018

A MULHER DIANTE DO ESPELHO

CAPÍTULO I

Num claro da floresta, estou cavando um buraco numa noite fria e úmida de fins de novembro. Chove muito e o som da água mistura-se com a pá atingindo o chão molhado. São 3 da manhã. Se eu quiser terminar antes do amanhecer, tenho que me apressar. As minhas mãos estão geladas e doridas. Não é fácil cavar um buraco suficientemente grande para esconder dois cadáveres. Ao meu lado, alguns sacos plásticos embrulham os dois cadáveres. A chuva faz o seu trabalho, tornando-se intensa, pesada e cansada. Após quarenta e oito horas frenéticas sem dormir, começo a perder as forças.

Acabei, finalmente. Cubro os corpos com lama e começo o meu caminho de volta para casa.

O caminho de volta torna-se eterno, é áspero e quase completamente coberto por ervas daninhas. Os galhos das árvores que atingem o meu rosto forçam-me a abrir caminho através delas. No fundo dos meus pensamentos, eu ando em automático até chegar ao meu carro. A sua presença sombria assemelha-se a uma infeliz testemunha, que sem querer testemunhar o facto, parece me julgar em silêncio. Conduzo numa estrada molhada. Entre conduzir e me manter na estrada, a chuva incessante atinge o para-brisas; não consigo parar de pensar em todas as circunstâncias que me trouxeram até este momento.

Diz-se que não se escolhe o diabo, ele é quem te escolhe. Acho que ele me escolheu no dia que eu nasci, há trinta e cinco anos.

…

3 de outubro de 1982, Madrid, *Hospital de la Paz*. Ana Maria, nome da minha mãe, deu à luz uma menina robusta com grandes olhos negros. Quando a segurou nos braços, sentiu uma ternura indescritível. «Querida filha, tu estás destinada a grandes coisas, eu sinto-o.» Esses eram os seus pensamentos enquanto beijava a sua testa.

A minha mãe casou jovem; ela tinha apenas vinte e nove anos. Meu pai era mais velho que ela por onze anos, era jornalista e chefe da seção editorial de um jornal nacional. Jovem ingênua, ficou deslumbrada com o jornalista atraente, sedutor e bem sucedido. Ele sabia exatamente o que dizer, cada palavra que sussurrava no ouvido dela, a fazia se sentir a mulher mais especial do mundo.

Ana María veio de uma cidade do interior de *Castilla-La Mancha* e tinha chegado à capital para trabalhar como assistente educacional de uma escola secundária. No seu primeiro emprego, ela conheceu Eduardo, meu pai, numa antiga feira de livros perto do parque *El Retiro*, numa manhã de domingo cinzenta e chuvosa. Ele se aproximou enquanto ela olhava um velho livro de um poeta que ela adorava: Gustavo Adolfo Bécquer e recitou um poema dele.

Por una mirada, un mundo;
por una sonrisa, un cielo;
por un beso... yo no sé
qué te diera por un beso.

Confrontada com tal demonstração de romantismo, ela não resistiu. O meu pai lhe comprou o livro, depois a convidou para tomar um café. Passaram a tarde juntos e, desde aquele dia, tornaram-se inseparáveis.

Foi o seu primeiro amor, o despertar da sua inocência, sentia-se rendida àquele romance idílico que estava vivendo. Eduardo a pediu em casamento após apenas seis meses de encontro e logo se casaram na igreja numa manhã de verão. Era 20 de agosto de 1980. Enquanto caminhava até o altar, Maria se sentia a mulher mais sortuda do mundo, mas estava longe de imaginar em que o seu conto de fadas se tornaria.

Pouco tempo depois, minha mãe ficou grávida. A notícia da chegada do bebê os encheu de felicidade. Eduardo queria um menino para perpetuar seu sobrenome, então passou a procurar por nomes, planejar as idas ao futebol e os dias de caça que ele passaria com seu filho. No entanto, todos aqueles projetos familiares foram interrompidos quando minha mãe deu à luz uma menina bonita e saudável.

A notícia do sexo do bebê foi um enorme revés para Eduardo, que ficou irritado e visivelmente desapontado. Ele não sentia nenhuma ligação com a adorável garota de olhos enormes que ele segurava. Com um olhar impassível, ele a devolveu ao colo da minha mãe.

— Isso não é o que eu esperava, da próxima vez me dê um homem. Um macho.

— Como é que ela vai se chamar? — minha mãe perguntou, olhando para baixo e sentindo-se culpada.

—Pode chamá-la como quiser, ela é sua filha.
—disse ele em um tom rude e frio, saindo da sala ao bater à porta.

"Marina" foi o nome escolhido pela minha mãe. Ela amava o mar e sempre sonhou em viver num lugar próximo, sendo assim, meu nome era uma conseqüência direta daquele desejo. Suponho que não deveria me surpreender que, anos mais tarde, esse desejo estivesse ligado à minha própria existência. Destino, alguns chamam. Eu gosto de pensar que foi uma espécie de prolongamento do sofrimento.

Após o nascimento do bebê, as coisas mudaram drasticamente. Eduardo começou a parecer distante, parecendo não ser mais o homem atencioso que a minha mãe conheceu. Os choros noturnos do bebê e as responsabilidades com a criança acabaram por sobrecarregá-lo, e, desde então, começou a se comportar agressivamente com a minha mãe, humilhando-a de forma constante e fazendo-a sentir-se inferior.

—Você é um pedaço de merda. Olha para você: descabelada e cheia de vômito. Vai se lavar, pelo amor de Deus. Como quer que eu te foda se você só vive cheirando à merda? O teu hálito cheira mal e o teu corpo está deformado. Faz uma dieta,

Maria, porque assim não há ninguém que olhe pra você. Esse bebê é irritante, só sabe chorar e cagar. Vou sair pra me divertir, não espere por mim.

Ele saiu de casa deixando a minha mãe chorando com a sua menina nos braços. Ela continuou a amamentá-la, cantando canções de ninar para tentar acalmá-la. Enquanto isso, ele costumava ir às discotecas para se embebedar e acabar dormindo com a primeira mulher que lhe pudesse fazer alguns favores. Sempre voltava ao amanhecer, como se fosse um caixeiro viajante. Minha mãe pagou o preço dessa vida, além da depressão pós-natal, acabou perdendo mais de trinta quilos em apenas dois meses.

—Agora sim, parece gente. Pelo menos não parece mais uma vaca gorda. —disse ele, encostando-a na parede e a penetrando impiedosamente por trás.

Era inevitável que ela começasse a ter medo dele. O prazer se tornou um bem elusivo que dava lugar à dor e à repugnância. O amor começou a parecer uma espécie de violação que só terminava quando ele se sentia satisfeito.

—Pare de amamentar esta criatura. O cheiro do leite me deixa doente, não consigo nem chegar perto de você. —Ele apontou.

Ela viu então a possibilidade de escapar dos constantes ataques pelo fato de estar amamentando o bebê. Desde então, passou a me amamentar até aos cinco anos de idade.

Depois desta fase, tínhamos começado a fase mais negra das nossas vidas. A violência verbal, que já era habitual, deu lugar à violência física. Primeiro, eram tapas, depois começaram os socos e, finalmente, os espancamentos. Tudo isso era como se estivéssemos em um pesadelo constante, no qual minha mãe era a protagonista.

Aparentemente, Eduardo tinha nascido em uma família idílica de classe média alta. Vivíamos de uma forma descontraída num apartamento numa zona residencial da periferia de Madrid. As aparências eram importantes para Eduardo.

—Nem pense em reclamar. Se o fizer, pode se preparar, María. O castigo vai ser terrível. É melhor não me provocar. —Dizia isso enquanto apontava o dedo para ela, minha mãe ficava calada.

Ela era uma mulher doce e submissa. Tinha sido educada na crença de que tudo o que seu marido dizia era inqüestionável, então ela nunca pensou em ir contra isso. Por outro lado, Eduardo era responsável por alimentar diariamente o sentimento de culpa pela incapacidade da minha mãe de lhe dar um filho.

Depois de várias tentativas de ter um filho, das quais todas acabaram em abortos, eles desistiram.

—Você é inútil, caipira de merda. Você não vale nada, não está à minha altura. Devia te expulsar e te mandar de volta pro buraco de onde te tirei. Eu nem sei porque me casei contigo sendo capaz de escolher alguém melhor. —disse ele enquanto lhe dava socos.

O sofrimento começou a aumentar.

Eduardo desfrutava sadicamente da dor e das constantes humilhações a que ele a submetia. Costumava apagar pontas de cigarro nos braços dela. Amarrava-a cama e a estuprava durante a noite enquanto eu dormia no quarto ao lado. Eu costumava acordar no meio da noite por causa dos soluços da minha mãe, eu sempre saía da cama e andava silenciosamente para o quarto. Da porta, eu podia vê-los deitados na cama: minha mãe amarrada e, do outro lado, meu pai com um cinto de couro, batendo nela com a fivela enquanto a montava. Ele amarrava uma corda no pescoço dela e puxava até quase asfixiá-la, e depois, gozava nas costas dela.

Em várias ocasiões, Maria se viu na sala de emergência, com costelas quebradas e pulsos deslocados. Havia marcas de cinto nas costas dela. Quando os médicos lhe perguntavam o que tinha acontecido, ela sempre mentia.

— Caí das escadas, bati na porta.

Desculpas absurdas que ninguém podia acreditar.

Ela nunca se atreveu a denunciá-lo à polícia e acabava sempre voltando para casa para continuar o calvário.

...

Eu era uma garota calma e reservada desde cedo. Os gritos da minha mãe e do meu pai geralmente me acordavam no meio da noite. Vivi essa situação com normalidade e me acostumei a me esconder por toda a casa para não os ouvir. Eduardo costumava chegar bêbado, descarregando a sua violência sobre a minha mãe por um simples capricho dele. Minha mãe chorava e implorava, mas quanto mais ela implorava, mais ele parecia gostar. Ele costumava rir dela, humilhando-a e batendo nela com mais força. Ela estava sozinha, presa em suas mãos.

enquanto o mundo dela girava em torno de seu carrasco o dia inteiro.

À noite, quando ela ficava normalmente sozinha enquanto ele se divertia, costumava se deitar na cama comigo. Ela gostava de me contar histórias e de cantar canções de ninar. Quando ela pensava que eu estava dormindo, eu sentia os seus soluços. Sem intenção, suas lágrimas caíam pelas minhas bochechas. Quando isso acontecia, eu me virava para ela e a abraçava com ternura.

—Por que você está chorando, mãe? — perguntei uma vez enquanto ela me tomava nos braços dela.

—Filha, você é a razão da minha vida. Eu te amo e nunca nos separaremos; eu prometo. —Ela costumava dizer tentando esconder as suas lágrimas. —A mamãe está apenas cansada.

Ela sorria e tentava me enganar com uma boneca triste refletida no seu rosto.

Esses eram os melhores dias. Quando meu pai aparecia, era um inferno.

Eu sentia um verdadeiro pânico do meu pai. Só de ouvir a voz dele o meu coração podia paralisar. O medo me fazia vomitar e comecei a ter tonturas com graves faltas de ar. Para uma menina com apenas seis anos de idade, era demais lidar com tudo isso. Talvez, por causa disso, para enfrentar a terrível realidade que tínhamos que viver, acabei criando uma espécie de amiga imaginária, Beatriz. A vida era diferente com ela. Passávamos horas brincando e conversando, enquanto lá fora o mundo estava a acabar à nossa volta.

Na escola, as pessoas frequentemente me viam falando sozinha, seja sentada na sala de aula ou quando estava brincando em algum lugar pelo pátio. Os meus professores expressaram preocupação com a minha obsessão pela minha amiga Beatriz. Eu preferia brincar com ela em vez de estar com as outras crianças da turma. Um dia, meus pais foram chamados pelo diretor da escola para falar sobre o assunto, depois disso, Eduardo ficou nervoso e, quando chegou em casa, puxou o cinto e exclamou:

—Que vergonha essa menina me fez passar. Eles vão pensar que eu tenho uma filha maluca. Foi a gota d'água. Eu já sabia que essa menina rebelde ia criar problemas para mim. —disse ele dirigindo-se à minha mãe, que escutou tranqüilamente no sofá, sem se atrever a dizer uma única palavra.

Depois, me pediram para ir à sala de estar. Eu estava escondida atrás da porta, ouvindo a conversa dos meus pais. Ouvir o meu nome através da voz doce da minha mãe contrastava com o fato de que eu sabia o que poderia acontecer se eu respondesse. Permanecer em silêncio era impossível, então, me armei de coragem e entrei tremendo como uma folha e olhando para o chão.

—Tire o vestido e vire as costas contra a parede. —Ele mandou, segurando o cinto de couro em suas mãos.

—O que você vai fazer com a menina, Eduardo? —minha mãe gritou com medo.

Ele nem se deu ao trabalho de responder. Começou a me bater com força, nas costas e nas nádegas. Minha mãe, desesperada para parar com a surra, ficou entre mim e meu pai recebendo golpes ao meu lado. Ele gritava como um louco:

—Menina inútil, nunca mais me envergonhe. Você vai parar de falar sozinha e de parecer uma atrasada mental em público. Isto é uma ordem. Estou te avisando, não encha a minha paciência ou você e a sua mãe inútil vão se arrepender.

Ele continuou por um tempo até que finalmente perdeu as forças. Jogou o cinto sobre os móveis e foi ao banheiro para tomar um banho e tirar o suor. Nós nos abraçamos, chorando no chão e petrificadas pelo medo que infundia aquela casa e nossa existência. Só quando ele saiu pra festejar com os amigos, nos livramos do medo, e, pouco a pouco, nos levantamos. Minha mãe procurou um armário de remédios e começou a curar as feridas que a fivela de metal tinha deixado no meu pequeno corpo nu.

Uns dias depois, decidi esconder para sempre a minha amizade com Beatriz. Eu nunca mais falaria dela a ninguém. A partir desse momento tomei a decisão que me acompanharia por toda a minha vida. Falaríamos apenas em frente ao espelho. Eu estaria deste lado, escondida na escuridão do meu quarto, e ela, do outro lado, me devolvendo aquele olhar enigmático. Em uma manhã, quando saí da cama, fui para o quarto da minha mãe. Me deitei ao lado dela e disse.

—Mãe, a Beatriz desapareceu para sempre. Eu já estou curada.

A minha mãe sorriu com alívio e me deu um abraço.

—Obrigado Deus, minha linda menina. Agora vamos ser melhores. O teu pai vai finalmente ficar feliz. Nunca mais fale dela, por favor. —Ela respondeu quase em lágrimas.

No entanto, Beatriz esteve sempre presente. À espera nas sombras.

...

A violência em casa estava crescendo. À noite, eu costumava ficar acordada na cama, na escuridão, esperando meu pai voltar para casa. Aprendi a perceber se ele estava bêbado só pela maneira como fechava a porta. Dependendo de como acontecesse, o pesadelo começava.

Ele gostava muito de nos ver chorar. Ele costumava agarrar o pescoço da minha mãe até quase sufocá-la na minha frente. Eu era pequena, tentava impedi-lo, mas as minhas lágrimas nunca tiveram qualquer efeito sobre ele.

—Cala a boca, menina estúpida. Por que você não nasceu homem? Vai ser uma aprendiz de prostituta, igual à sua mãe. Todas as mulheres são raposas e só servem para chupar paus.

Ele tirou o cinto de couro e começou a me bater para me fazer parar de chorar.

Do lado de fora, éramos uma família modelo como as que apareciam nos anúncios das revistas de moda. O meu pai tratava disso. Ele nos tratava como objetos. Comecei a freqüentar aulas de piano porque o meu pai me impunha para mostrar aos seus amigos como o seu pequeno troféu era educado e refinado. Eu odiava piano e nunca aprendi muito, então ele logo encontrou outra maneira de me pressionar: concursos de talentos. Ele desenvolveu por conta própria uma maneira de me treinar. Passávamos horas memorizando todo tipo de coisas: Ortografia, História, Matemática, Física e Química. Eu tinha uma boa memória, então eu era boa. Aprendi toda a tabela periódica, a tabela de multiplicação, as fórmulas matemáticas, fatos históricos e assim por diante.

Nas poucas vezes que consegui fugir de casa para brincar com as crianças do bairro, ele aparecia como louco para me levar para casa e me castigar.

—Marina, vem cá. —Dizia ele, apontando para as pernas. —Você está muito mal comportada. Vou ter de te castigar.

Com as lágrimas correndo pelas minhas bochechas, eu voltava para casa imaginando o preço que eu iria pagar por causa da minha desobediência.

—Menina preguiçosa, isso é uma vergonha. Trabalhe mais. É igual à mãe, com o QI de um inseto.

A minha infância foi um inferno, mas o pior ainda estava por vir.

...

Era agosto, verão de 1994. Naquele ano tivemos um verão quente, então fomos passar quinze dias de férias na costa de *Alicante*. Essas viagens eram comuns na nossa família. Em uma pitoresca cidade chamada *Alfaz del Pi*. Meu pai costumava alugar um pequeno bangalô em um acampamento perto da praia.

Uns dias depois de chegar, fiquei doente. Era a época das águas-vivas, por isso sofri várias queimaduras. Desde então, comecei a ter vários desconfortos e febre alta. A maior parte do dia eu ficava deitada na cama porque não conseguia me levantar, não conseguia nem lidar com a fricção da roupa no meu corpo. Numa manhã, enquanto minha mãe foi fazer compras no supermercado da vila, fiquei sozinha com meu pai. Ele estava sentado, lendo um jornal enquanto eu estava deitada na cama perto dele. Estava quente, ele estava de cuecas e com o ventilador apontado para a cara dele. De repente, sem uma palavra, ele olhou por cima dos óculos e olhou para mim. Se aproximou de mim e sentou no pé da cama.

—Tira a camisa, Marina. Deixe-me ver melhor essas queimaduras. —Ele disse, parecendo preocupado.

Foi o que eu fiz. Estava nua da cintura para cima, apenas com uma calcinha branca de algodão. Ele olhava diretamente para os meus peitos pequenos, quase formados. E então os tocou. Senti um arrepio nas minhas costas. Não saberia explicar porque me inclinei para trás, cobrindo com as mãos instintivamente. Ele os tocou novamente, acariciando meus seios enquanto sorria.

—Boa menina, boa menina. —disse ele, pegando na minha mão e a colocando dentro da cueca. Eu senti algo duro e quente lá dentro.

—Tira pra fora. Brinca com ele. Eu vou te mostrar como. —Exclamou com um sorriso diabólico desenhado em seu rosto.

Eu estava assustada. Comecei a chorar, mas fiz.

—Pra cima e pra baixo, bem devagar. É assim que eu gosto. Põe na boca. É só chupar como se fosse um sorvete.

As lágrimas saltavam dos meus olhos. O meu corpo tremia como uma folha. Encheu a minha boca completamente, machucando a minha garganta. De repente, senti um líquido viscoso com um sabor desagradável. Os engasgos me obrigaram a correr para o banheiro para vomitar. Eu não sabia exatamente o que tinha acontecido. Eu mal tinha doze anos de idade.

A partir desse dia, o inferno começou para mim. Meu pai me tocava com freqüência. Ele aproveitava qualquer descuido da minha mãe para tocar minha bunda, seios e vagina. Muitas vezes ele enfiava os dedos em mim, me machucando até sangrar. Uma noite, enquanto minha mãe dormia sob os efeitos dos analgésicos por causa da depressão severa, ele veio ao meu quarto. Ele se sentou na cama, desabotoou as calças e expôs o seu pênis. Chorei de terror sem me atrever a articular nenhuma palavra. Senti o seu hálito ofegante sobre mim. O cheiro de álcool misturado com suor me dava náuseas. Depois, aconteceu. Ele me penetrou. A dor que senti foi tão insuportável que não consegui evitar gritar. Ele cobriu a minha boca com as mãos. Naquele momento eu sentia como se estivesse morrendo, como se um raio me atingisse de repente num momento eterno.

Desde aquele dia, as violações se repetiam com freqüência e eu não tinha meios de fazer nada para evitá-las.

—Não é pra chorar nem gritar, pequena. Se a sua mãe acordar e nos surpreender, eu vou bater nela de uma maneira que ela nunca mais se vai levantar. Então, se você a ama pelo menos um pouco, cale a boca. —Ele disse entre suspiros, enquanto me enfiava com mais força.

De manhã, acordei sangrando e com uma dor abdominal grave. Eu sofri em silêncio. A minha mãe nunca soube de nada. Os únicos momentos de liberdade eram quando eu ia para a escola.

Apesar do inferno em que eu vivia, as minhas notas não baixaram. Os livros se tornaram o meu único refúgio. O mundo imaginário das histórias literárias me transportava para outro tempo e lugar. Um lugar onde eu era outra pessoa com outra vida. Sonhava que um dia eu poderia mudar o meu destino.

Passava horas no meu quarto, sentada diante do espelho; olhando para mim, vendo o meu reflexo e sentindo que do outro lado Beatriz estava gritando para mim de dentro da minha cabeça.

Meses depois, a minha mãe tomou a decisão de se separar do meu pai.

No início, pensei que tinha acabado. Finalmente iria conseguir dar um suspiro de alívio longe daquele inferno. Eu estava errada. Ia ficar pior. Ele não ia me deixar ir. Ele sempre insistiu que eu devesse ficar em casa, não queria perder o seu brinquedinho. Lutou em tribunal pela minha custódia, acusando minha mãe de ser uma mulher instável e perigosa, consumidora de sedativos e depressiva crônica. Ele finalmente conseguiu intimidá-la, e ela, aterrorizada, aceitou a custódia partilhada. Passei muito tempo sozinha com ele em casa, sem ninguém para interromper. Ele tinha finalmente conseguido o que realmente queria. Todas as noites ele me violava impiedosamente. Eu chorava, mas não ousava me opor a ele porque, se o fizesse, ele me batia com um cinto de couro que tinha, sua arma favorita para me castigar. Sempre que o via tirar o cinto, tremia de medo e, sem protestar, fazia tudo o que ele mandava. Eram tempos de puro inferno, onde minha única salvação era minha amiga Beatriz com as longas conversas que tínhamos.

—Nem pense em contar isto a ninguém, sua putinha. —Meu pai dizia. —Ninguém vai acreditar em você. Vou dizer que você está desequilibrada por causa da sua mãe. Se for preciso eu ainda vou buscá-la, você não tem saída contra mim, então cala a boca e faz o que eu peço, entendeu?

Aterrorizada, acenei com a cabeça aceitando o meu destino. Enquanto na minha cabeça, Beatriz me dizia: «Tudo vai passar, o nosso momento vai chegar. »

...

Quando fiz quinze anos, pensei em ir estudar num colégio interno para me afastar do meu pai. Eu tinha ouvido falar de algumas instituições, então comecei a me informar. Quando eu comuniquei minhas intenções, ele me olhou com desprezo e respondeu.

—Quem você pensa que é pra decidir por si própria? Você nunca vai se ver livre de mim, sabe disso. Só no dia da minha morte. Eu te pus no mundo e a sua vida me pertence.

Desde então, o assunto se encerrou e eu comecei a pensar que a única maneira de estar livre disso era morta, ele nunca me deixaria ir.

Uma tarde, no final de julho, eu estava em casa, trancada como sempre. Ao anoitecer, ele chegou bêbado e bateu com força na porta. Eu soube imediatamente o que me esperava. Sentou-se no sofá, tirou as calças para se tocar e me chamou imediatamente.

—Marina, vem cá. Você já sabe o que tem que fazer. Vem cá, pequena. Agora vou te dar o que você merece. Vai me engolir todo, como te ensinei. Vem cá.

Algo dentro de mim clicou. A raiva reprimida, escondida dentro de mim por tanto tempo, despertou. Eu resisti, dei tapas e lutei. Ele me deu um murro e o sangue escorreu pelo meu lábio inferior. Ele estava louco porque eu não deixei ele me foder e porque o enfrentei pela primeira vez. Isso o deixou ainda mais enfurecido. Com o rosto desenganado e os olhos ensangüentados, ele gritou:

—Você é uma puta igual à sua mãe! Não vale nada. Olha para essas olheiras, parece que passou a noite dando a boceta pela rua. A puta tá satisfeita. É por isso que não quer. Eu vou te mostrar quem é que manda aqui.

Tudo mudou em um instante. Não era eu. Eu me vi suspensa no ar observando uma pessoa diferente no meu lugar. Corri para o quarto à procura de uma barra de ferro que estava guardada desde algum tempo, então, me aproximei dele por trás, enquanto ele tirava o cinto. Sem dizer uma única palavra, comecei a bater nele com toda a minha força, uma e outra vez, até o crânio afundar. O sangue dele salpicou no meu corpo, nas paredes e no chão. Um sorriso demoníaco era desenhado no meu rosto enquanto continuava batendo nele num frenesi como nenhum outro.

— Você não me atormentará novamente. Agora quem está no controle, porco nojento? — gritei, possuída por uma força estranha que me preencheu.

Eu nem sei quando parei. Eu me vi sentada no chão, contemplando o corpo no meio de uma poça de sangue. Quanto tempo tinha passado? Eu nunca saberei. Vi a sua cara deformada, imortalizada numa cara de dor. Eu sorria. Estava feliz. Subi as escadas para o meu quarto. Levei roupas limpas, depois fui para o chuveiro. Tomei um banho e me vesti. Embrulhei a roupa suja num saco plástico e limpei os vestígios dos meus pés ensangüentados ao subir as escadas. Saí de casa com total normalidade. Já era noite, não havia ninguém lá fora. Caminhei pelas ruas desertas até chegar na parada de ônibus. Alguns minutos depois, chegou o ônibus que me levaria até a casa da minha mãe.

Saí duas paradas antes, para me livrar da barra de metal e da roupa ensangüentada num contentor do lixo. Depois, caminhei alguns quarteirões até ao prédio onde ela morava. Toquei a campainha e minha mãe abriu alguns momentos depois.

—O que você veio fazer aqui tão tarde, Marina? —ela perguntou assustada. —Aconteceu alguma coisa?

—Não, mãe. Claro que não. —Respondi, tranqüilizando-a —O pai saiu esta noite com os amigos, por isso, para não ficar sozinha, pensei em vir passar a noite contigo. Você não se importa, certo?

—Claro que não, amor. Vem cá, entra. Já comeu? —ela perguntou.

—Não, mãe. Prepara uma tortilha espanhola, uma daquelas bem boas que você costuma fazer. Estou esfomeada.

Vamos prepará-la juntas. Ela cortou as batatas e eu cortei as cebolas. Os meus olhos queimavam. Eu estava cortando e pensando. Na minha cabeça, a cena que tinha acontecido há umas horas atrás continuava sendo reproduzida sem parar. Não conseguia parar de sorrir enquanto as lágrimas desciam pelas minhas bochechas. Aquele bastardo tinha recebido o que merecia e nunca mais me tocaria.

Comemos juntas à mesa e rindo, como não fazíamos há muito tempo. Parecia que tínhamos nos livrado de um peso enorme. Poderíamos finalmente ser felizes. Então lhe dei um abraço e, entusiasmada, disse:

—Obrigada, mãe.

—Por quê? —ela perguntou com ternura.

—Obrigada pelo seu amor, só isso. Eu te amo.

Ficamos no sofá a noite toda, enroladas num cobertor e vendo televisão até adormecermos. Ao amanhecer, eu acordei. Quando vi a minha mãe ao meu lado, olhei para o rosto dela e lhe dei um beijo na testa. O pesadelo tinha finalmente acabado. Dias depois, o corpo do meu pai foi encontrado. Aparentemente, o cheiro podre que saía da casa alertou os vizinhos. A polícia veio ver a minha mãe para lhe dar a notícia. Comecei a chorar de forma desconsolada enquanto abraçava a minha mãe. Fizeram algumas perguntas e, depois de um breve interrogatório, nos descartaram como suspeitas. Por causa da brutalidade da agressão, era difícil acreditar que tinha sido obra de uma mulher. Pensavam que tinha sido um roubo que tinha terminado tragicamente. O caso nunca foi resolvido devido à falta de pistas e foi finalmente encerrado alguns meses depois.

Me mudei para a casa da minha mãe e, a partir desse momento, a felicidade foi estabelecida em nossas vidas. Era uma época de verdadeira paz. Os anos passaram deliciosamente. Terminei a escola com excelentes notas. Eu era uma aluna exemplar e todos me adoravam. Sempre sorridente e positiva, eu gostava de todos à minha volta. Sem dúvida, eu tinha herdado o carisma e o senso de liderança do meu pai. Todos que o tinham conhecido enfatizavam a semelhança. «Se seu pai fosse vivo, você seria o orgulho dele com total certeza.» Eu sempre mordia os lábios para conter a raiva, depois, apenas sorria e concordava.

—Sim, ele ficaria orgulhoso, com certeza. O meu maior desejo é ser parecida com ele. —Eu costumava concluir com um falso sorriso.

Quando fiz dezoito anos, entrei na faculdade de Jornalismo. Lá me destaquei novamente, tornando-se a primeira da minha turma. Todos concordavam que o meu futuro seria brilhante, eu era filha de um jornalista de prestígio, por isso me tratavam com respeito e admiração. Além disso, eu era muito popular entre os meninos. Me tornei uma mulher atraente. Tinha um rosto angelical parecido com uma boneca de porcelana; olhos castanhos e profundos, para os quais ninguém hesitava em olhar. Costumavam me dizer que meus olhos sorriam e podiam expressar emoções sem articular palavras. Meu cabelo era loiro e ondulado e caía pelas minhas costas em caracóis rebeldes. O meu corpo era pequeno, mas com curvas sinuosas. Além disso, a minha maneira de andar tinha uma elegância inata que sempre era notada. Os homens costumavam olhar para mim na rua e, ao entrar numa sala, eu sempre chamava atenção. Contudo, a minha relação com os homens era tensa. Eu não confiava neles. Nunca aceitei os convites dos meus colegas de estudo nem participava das festas da universidade. Eu também não tive namorado durante o meu tempo na universidade. Minha vida era limitada aos livros, estudando sem descanso. O meu sonho era ser uma escritora de sucesso. Portanto, não foi difícil para mim me formar com honras. Fui aceita para fazer um estágio em um jornal de prestígio com uma bolsa de estudos, trabalhando como assistente pessoal do editor chefe.

CAPÍTULO II

No dia da entrevista, entrei no escritório dele. Ele usava um terno preto, camisa azul e uma gravata vermelha. O cabelo dele era abundante e ele tinha olhos verdes com um olhar intenso. Me sentei à sua frente com as pernas cruzadas. Eu estava usando um vestido preto justo, meias cor-de-pele e sapatos de salto alto. Meu cabelo loiro vaporoso caía para os lados do meu rosto levemente maquiado e meus lábios carnudos estavam pintados com um vermelho carmim. Senti o seu olhar nos meus joelhos, subindo todo o meu decote até finalmente parar no meu rosto. Ele me olhou diretamente nos olhos e uma corrente de calor correu por todo o meu corpo, da vagina até o fio de cabelo, intoxicando meu cérebro e todos os meus sentidos. Era uma nova sensação, surpreendente e, claro, agradável. Me sentei e falei sobre a minha experiência e conhecimento. Contei o que me motivou na profissão de jornalista, mas não me lembro exatamente o que respondi. Os meus nervos me pregaram peças. Acho que realmente fiquei igual uma idiota, porém, depois de vinte minutos, o cargo já era meu.

Começamos a trabalhar juntos e, à medida que os dias passavam, fomos ficando mais próximos. Passávamos horas trabalhando até o início da noite. Eu o admirava e, secretamente, também o queria. O desejo sexual era uma sensação nova que eu nunca tinha sentido. Eu me dedicaria totalmente a experimentá-la sem limites. Cada vez que ele estava perto, eu ficava toda molhada, um formigamento lento que subia por todo o meu corpo se transformava em um fluxo de calor intenso que me envolvia. O cheiro da sua pele me deixava louca e quando me aproximava dele, ficava olhando para seus lábios. Muitas vezes, tive que me conter para não saltar em cima dele.

O nome dele era Álvaro. Ele era um homem maduro, autoconfiante e eu adorava ouvi-lo. Sempre tentei olhar diretamente para ele, sem perder detalhes de cada palavra que ele dizia. Ele notava a minha devoção. Sentia-se lisonjeado e, de certa forma, jovem novamente por ter a atenção de uma menina que podia ser sua filha. Ele era casado e tinha filhos com a minha idade, mas isso não me importava. Talvez, inconscientemente, eu tenha visto nele o mesmo padrão da relação incestuosa que eu tinha com o meu pai. Afinal, esse era o meu único contacto com os homens até então.

Numa tarde quente de verão, o inevitável aconteceu. Eu estava usando uma camisa branca. Involuntariamente, um botão se abriu enquanto eu me inclinava sobre sua mesa para lhe entregar um fax, revelando meu sutiã de renda transparente. Eu o vi morder levemente os lábios e olhar para cima por cima dos óculos. Ele ficou logo vermelho e algumas gotas de suor começaram a deslizar pela testa dele enquanto ele mordia o lábio inferior novamente. No final da tarde, ele se aproximou da minha mesa, colocou a mão sobre o meu ombro delicadamente, depois, sussurrou de alguns centímetros do meu pescoço:

—Quer beber alguma coisa comigo? Estão 40 graus lá fora e eu também gostaria de jantar contigo num lugar privado, se você estiver com fome, claro.

—Claro. —Respondi com entusiasmo, tentando não me mostrar nervosa. —Estou com fome e com sede.

Ao sair, fomos a pé até um bar perto do escritório. Pedimos duas cervejas e começamos a falar de frente um para o outro, olhando nos olhos um do outro. Entre sorrisos cúmplices e olhares em chamas, acabamos em um restaurante japonês muito elegante. Entramos no salão principal. O meu chefe era um cliente habitual e fomos rapidamente levados para uma sala privada. Havia um cheiro de rosas e a luz era levemente vermelha. Além disso, uma música de fundo suave harmonizava o ambiente. Ele pediu *sushi*, meu prato favorito, enquanto nós conversávamos sobre saquê. O efeito do álcool começou a me relaxar e senti minha vagina ficar molhada lentamente, fazendo minhas pernas se abrirem levemente. O olhar dele estava fixo nos meus mamilos eretos que podiam ser vistos através da minha camisa quase transparente. Álvaro mordeu os lábios e as suas pupilas dilatadas destilavam desejo. Estávamos cada vez mais próximos, totalmente desinibidos. Ele pegou minhas mãos e olhamos mais uma vez nos olhos um do outro, depois nos beijamos.

—É isso que você quer, certo? Desde o primeiro dia, eu vi nos teus olhos. Eu tive uma ereção no meio da entrevista. —Ele sussurrava enquanto continuava comendo a minha boca.

Eu nem conseguia falar, só queria ser sua. Eu queria senti-lo dentro de mim. Ele ficou debaixo da mesa, abriu as minhas pernas e pôs minha calcinha pro lado. Começou a passar a língua em volta do meu clítoris. Eu segurei as mãos na cadeira e levantei a cabeça enquanto tentava conter um gemido. Era excitante saber que, a poucos metros de distância, havia uma sala cheia de pessoas e que podíamos ser interrompidos a qualquer momento. Uma explosão de prazer que eu nunca tinha sentido correr por todo o meu corpo. Eu gritava, sem me importar se éramos ouvidos ou não.

—Vamos para um hotel. Quer continuar com isso? Porque desse jeito vou enlouquecer. —Ele perguntou.

Acenei positivamente com a cabeça, porque não conseguia articular nenhuma palavra.

Álvaro pagou a conta o mais rápido possível. Entramos no carro dele. Enquanto conduzia, ele pôs a mão debaixo da minha saia. Umedeceu os dedos na minha vagina e depois os chupou olhando para mim. Isso acabou por me excitar.

—Adoro a sua boceta, tem um sabor delicioso. —disse ele. —Hoje vou te comer a noite toda.

No banco ao lado, eu estava me retorcendo. Ele conduziu até à porta de um motel e nós entramos no parque de estacionamento privado. Nos beijamos apaixonadamente e uma onda de calor atravessou o meu corpo. Depois ele me atirou na cama. Eu me via leve como uma folha; não tinha pressa.

—Agora você vai ser minha. —Ele sorriu maliciosamente enquanto desamarrava o meu rabo-de-cavalo. —Você é mais sensual com o cabelo solto.

—Nunca fui boa em seduzir um homem, não sei como fazer. —Sussurrei timidamente.

—Não diga nada, é só se deixar levar. Você não precisa me seduzir. Apenas ser você mesma. Você não sabe que é linda? O teu olhar felino e estes olhos profundos me deixam louco.

Nos sentamos na cama. A língua dele invadiu a minha boca numa dança que me levou ao êxtase.

—Agora fica de pé de frente pra mim. —Ele disse suavemente. —Tira a roupa devagar, quero ver esse seu corpo lindo.

Pus uma música de fundo no meu telefone e comecei lentamente a tirar a roupa. Depois tirei o sutiã e desabotoei a saia. Eu estava totalmente nua na frente dele, somente com sapatos de salto vermelhos.

—Vira pra mim, eu quero te ver. —disse ele.

Enquanto o fazia, ele não conseguia tirar os olhos do meu corpo. Pegou nas minhas mãos e me trouxe gentilmente até ele. Eu podia sentir o seu pênis quente e duro no meu corpo. Ele abriu minhas pernas e colocou a cabeça entre elas. Depois senti sua língua me lambendo novamente e meus gemidos ficaram cada vez mais altos, eu me retorcia com fortes espasmos. Eu queria que ele me penetrasse de uma vez por todas. Implorei para que ele fizesse isso.

—Não posso mais... —eu disse.

Eu queria sentir tudo dentro de mim. Ele começou a massagear minha vulva com a ponta do pênis, com movimentos circulares e muito suaves, me deixando ainda mais louca.

—Pede, vai, por favor. Me diz o quanto você quer. Pede para eu te foder... —ele sussurrou no ouvido.

—Sim, por favor. Me fode, por favor! —gritei. —Quero sentir tudo dentro de mim, por favor.

Ele agarrou bem os meus quadris enquanto aquele pau grande e quente entrava na minha boceta molhada. Ele enfiava repetidamente, até alcançar o mais profundo de mim. Nós nos contorcíamos em um prazer único. Com as minhas pernas abertas e sob o seu controle, eu parecia ficar louca, enlouquecendo de prazer. Em poucos momentos, chegamos ao orgasmo juntos.

—Isto ainda não acabou. —disse ele com um sorriso malicioso.

Fiquei surpreendida ao ver que ele ainda estava duro, pronto para um segundo round.

—Fica em cima de mim e monta no meu pau.

Eu o fiz, enquanto ele segurava os meus seios. Ele me chupou torcendo meus mamilos suavemente. Também apertou e bateu na minha bunda.

—Fica de quatro, minha cadelinha. Já levou por trás alguma vez? —Ele perguntou.

Eu abanei a cabeça.

—Confie em mim. Não vai doer, eu prometo.

Gradualmente ele colocou a ponta do seu pênis no meu ânus. Com os dedos em saliva, acariciou, colocando lentamente. Eu senti um prazer intenso. Sua respiração em meu pescoço e o cheiro de sua pele era intoxicante. Gritei de dor e prazer ao mesmo tempo.

—Usa a mão. —disse ele.

Eu o fiz e, à medida que ele me penetrava por trás várias vezes, tive um orgasmo intenso, e, com as minhas pernas dobradas, dei um grito de prazer. Conversamos por alguns minutos, lado a lado. Finalmente, nos vestimos olhando um para o outro com desejo.

Ele me levou para casa. Não podíamos passar a noite juntos, ele tinha que voltar pra casa, onde sua esposa e filhos esperavam por ele.

Durante vários meses, continuamos nos vendo. Ele me ensinou a dar prazer a um homem, a descobrir meu corpo e toda a gama de sensações que o sexo pode proporcionar. Ele era um homem ardente e a química era inegável. Ele me levava para o céu com cada beijo e cada carícia. Ele sabia exatamente como me deixar com tesão e me encher de prazer.

No entanto, tudo acabou da mesma forma inesperada que começou. Numa tarde, três meses depois de termos começado com isso, Álvaro me chamou no seu escritório. Sua esposa tinha descoberto a aventura e lhe deu um ultimato, mas ele não podia se divorciar, nem queria.

—Você poderia ser minha filha. Você sabe que, mesmo que estivéssemos juntos, não teríamos futuro. Nós sabemos disso, não sabemos?

Engoli seco e, lentamente, comecei a falar:

—Não se preocupe. Era só uma questão de tempo até que isso acontecesse. Eu gostava e não tenho de te culpar por nada, eu sabia o que estava fazendo e queria fazê-lo.

Me levantei calmamente e saí do escritório tentando segurar as lágrimas.

Tudo continuou como de costume. Eu ia trabalhar todos os dias normalmente e, depois disso, nunca mais tivemos nenhum contato íntimo.

...

Durante as férias de verão seguintes, conheci um menino brasileiro. Ele era atraente e atlético; seu nome era Marcelo. Ele era de pele escura, com costas definidas e olhos castanhos. Éramos como fogo e gasolina, sexo selvagem na sua forma mais pura. Os quadris dele pareciam dançar ao ritmo do samba, era quente e intenso. Passamos o verão inteiro fodendo como animais. Costumávamos ir à praia à noite, ao luar e fazer amor dentro d'água. A mistura de água salgada e o esfregar do nosso sexo produzia uma mistura de dor e prazer que me deixava louca. A conexão sexual era evidente; ficávamos nos tocando e passávamos o dia todo nus no quarto, fodendo sem descanso. Quando voltamos a Madrid depois do Verão, mantivemos o contato e, passado algum tempo, decidimos manter o nosso romance. Após alguns meses, movidos pela luxúria e pela necessidade imperativa de ter sexo o tempo todo, decidimos viver juntos.

Alugamos um pequeno apartamento na zona de *Vallecas*, um bairro operário e humilde de Madrid. O edifício não era grande coisa, tinha mais de trinta anos e não tinha elevador, embora, tinha um pequeno quarto com um terraço que se abria para um campo. Tinha uma pequena sala, a cozinha e um banheiro sujo.

—Está bem para mim e é isso que podemos pagar. —disse ao Marcelo, que olhou para mim com horror.

—Ok, se isto é o que podemos pagar, não temos outra saída. Você sabe, não tenho documentos legais aqui na Espanha e o trabalho é complicado.

—Nós encontraremos uma maneira. Encontrarei uma solução. —Respondi sorrindo.

Eu saía para o trabalho todas as manhãs enquanto Marcelo ficava em casa o dia todo sem fazer nada. Ao anoitecer, quando voltava para casa, ele provava que ainda era o mesmo: sentado no sofá jogando *PlayStation* e não fazendo nenhum esforço para procurar trabalho. Comecei a ver o lado negro da sua personalidade narcisista. Ele só pensava em si mesmo. Supostamente, não tinha tempo para procurar emprego, ao invés disso, passava horas na academia, seu outro entretenimento favorito, modelando todos os músculos do seu corpo para participar de competições de *fitness*. O seu grau de inteligência e o seu nível de conversação também deixavam muito a desejar. Depois do sexo, os silêncios eram longos e monótonos. Seis meses depois de ter começado a viver juntos, a relação estava frouxa, eu estava prestes a terminar, mas a notícia da minha gravidez veio de surpresa. No início, pensei no aborto, não queria estar ligada a um homem assim, mas depois de pensar bem, decidi. Era hora de ser mãe, então propus um acordo ao Marcelo.

—Eu caso contigo. Você terá os documentos legais na Europa e, em troca, assinará um contrato onde me dará a custódia total do bebê, bem como a autoridade parental e autorização para que eu possa tomar todas as decisões importantes em caso de divórcio. O que você acha? —Lhe perguntei numa noite, enquanto estávamos a ver televisão no sofá.

Marcelo concordou sem pensar muito. Era a sua oportunidade de ficar legal no país e ele não ia perder isso. Uns dias depois, fomos ao registro civil para marcar a data do casamento. Quando o dia finalmente chegou, casei grávida, já com oito meses, num tribunal só com testemunhas e sem qualquer celebração.

Antes de ir ao tribunal naquela manhã, enquanto me maquiava em frente ao espelho, eu sabia. Do outro lado, ela me olhava desapontada. Senti uma enorme pressão no peito e um desejo de cancelar o casamento e fugir com meu bebê, mas continuei com a cerimônia. Um mês depois, entrei em trabalho de parto. No final da tarde, minha bolsa rompeu e corremos para o hospital. Doze horas depois, fiz uma cesariana e tive minha preciosa bebê em meus braços. Na sala de operações eu estava sozinha, Marcelo não queria entrar, então não conseguia parar de sentir que era uma premonição do futuro que nos aguardava.

Eu a chamei de Camila. Ela era uma bebê muito calma. Ao contrário de outros bebês, ela pouco chorava. Ela gostava de dormir toda a noite, apenas acordava quando tinha fome. Entre o pai dela e eu, as coisas mudaram muito rapidamente. Deixamos de fazer sexo e começamos a dormir em quartos separados. Eu estava um pouco mais gorda e já não o atraía fisicamente. Para alguém que estava obcecado com o físico, isso era algo importante. Eu não o deixava chegar perto da menina, temia que ele pudesse machucá-la. Estava claro que nunca iríamos nos tornar uma família normal. Depois de algum tempo, o casamento acabou. Quando Marcelo recebeu seus papéis, ele me disse que iria a Londres para tentar continuar sua carreira de modelo. Eu não fiquei surpresa; na verdade, eu esperava e, dentro de mim, eu queria isso. Estava cansada de tê-lo dentro da minha casa perambulando como um inseto irritante, por isso a notícia da sua partida foi um grande alívio. Sem dramas, Marcelo deixou nossas vidas para sempre tão rapidamente quanto ele entrou.

...

Os meses passaram e a minha única prioridade era cuidar da minha menina dia e noite, sempre vigilante. Os rigores da amamentação e as noites ruins começaram a ter seu preço. Emagreci até ficar magricela. Camila tinha dezoito meses e continuou a amamentar, exigindo um grande esforço da minha parte. Me sentia fraca, chorosa e uma mãe horrível, cansada e inútil. Uma manhã, depois de levá-la ao berçário, entrei num bar a caminho de casa e tive vertigens graves. Pensei em tomar um café e descansar. Estava horrivelmente vestida com uma camisola enorme e calças de jogging manchadas de vômito, descabelada e pingando leite pelos mamilos. Me sentei em uma mesa mais atrás, com uma xícara de café americano fumegante nas mãos e com meus olhos perdidos e ausentes. Uma senhora de meia-idade, vestida elegantemente, sentou-se ao meu lado. Ela era morena, alta, com pelo menos 50 anos, muito bem cuidada. Ela ainda era bonita e atraente. Ela me olhou de lado e, após alguns minutos, dirigiu-se a mim com um sorriso.

—Você é mãe. —Ela disse como se estivesse falando com alguém que ela conhecia.

—Sim, como é que você sabe? —perguntei.

—Sua camisa está molhada na altura dos seios. Você está amamentando um bebê. —Ela apontou com o dedo.

—Sim, eu tenho uma menina de 18 meses. Ela não quer parar de amamentar e isso me deixa louca, mas ela não quer comer mais nada além disso. —Respondi sorrindo envergonhada.

—É normal. Eu tive dois filhos e eles também secaram os meus seios. Uns comilões. Agora eles são grandes e fortes. —Ela brincou.

Tivemos uma conversa animada durante mais de uma hora. Falamos de diferentes temas: bebês, marcas de fraldas, comida de bebê... Tudo relacionado com o mundo de uma nova mãe.

—O meu nome é Luísa. —Se apresentou com um grande sorriso.

—Marina. Prazer em conhecê-la. —Respondi.

Então, sem qualquer esforço, começamos uma relação que mudou toda a minha vida.

No dia seguinte, voltei ao bar com a esperança de encontrá-la novamente. Ela chegou um pouco depois, vestida com um casaco de *visom* e saltos altos vermelhos. Ela estava deslumbrante.

—Como você é bonita, Luísa. —exclamei com admiração quando ela se sentou ao meu lado.

Ela olhou para mim com um sorriso benevolente e disse:

—Se você gostou, também pode ser como eu. Sabia disso? Você só precisa querer. Olha,

Marina, eu tenho te observado. Você é jovem e muito bonita e eu vejo algo diferente em você. Você tem determinação e caráter, uma força nos olhos que contrasta com o seu rosto angelical. Você poderia ganhar muito dinheiro; gostaria de saber como?

—Eu te pareço atraente? —exclamei ironicamente. —A camisa, manchas de leite e papas de bebê, nem uma gota de maquiagem e descabelada. Eu já nem sou a sombra do que eu era. Nenhum homem no seu juízo perfeito repararia em mim.

—Não se subestime, querida. Os homens precisam de incentivo visual e sentem o poder de uma mulher sobre eles. Eles querem o inalcançável, eles fariam tudo para possuir esse objeto de seu desejo. Nunca se esqueça disso. Eu tenho uma proposta para ti. Venha me visitar amanhã e falamos de negócios. Este é o meu endereço, estarei à tua espera. Agora, tenho de partir. Não se esqueça. Nos vemos amanhã.

A vi levantar com um sorriso nos lábios, pensando em que tipo de proposta ela queria fazer.

No dia seguinte, depois de levar Camila para o berçário, fui ao endereço que Dona Luísa tinha me dado na manhã anterior. Era uma bela casa numa zona residencial e exclusiva de Madrid, na periferia da cidade, rodeada de espaços verdes, com um enorme portão automático de mais de dois metros de altura que não deixava ver nada do exterior. A casa parecia um palácio. Toquei à campainha da entrada e um homem vestido com um traje de serviço abriu a porta. Ele era extremamente feminino. Ele tinha a cabeça baixa e as mãos cruzadas. Falava devagar e tranqüilamente.

—A senhora está à sua espera. Siga-me, por favor. —Murmurou timidamente enquanto me levava a uma sala onde esperei vários minutos até que ela finalmente aparecesse.

—Quer beber alguma coisa enquanto falamos?

—Sim, um café estaria bem. —Respondi um pouco nervosa.

—Mimi, prepara um café para a senhora, e para mim, um cappuccino. —disse ela ao rapaz vestido de mulher. Depois ele virou para mim e me explicou —É a Mimi, a minha *sissy maid*. Você sabe o que é?

—Não faço ideia. —Respondi.

—Ele é meu empregado pessoal, meu submisso. Ele vive aqui comigo, vinte e quatro horas, disponível para atender a todos os meus caprichos. Ele é um homem como você pode apreciar, mas ele tem uma pequena empregada dentro de si, ele precisa de uma amante para servir. Você vai aprender sobre isso. Vamos direto ao assunto. A minha proposta é a seguinte: Eu tenho um negócio muito diferente e exclusivo. Meus clientes são muito poderosos e seletos. Empresários que pagam grandes somas de dinheiro por certos serviços não convencionais, certos tipos de fetiches, você entende? — disse ela, olhando para os meus seios. — Como posso ver, você está amamentando.

—Sim, você sabe. —Respondi um pouco aborrecida.

—Foi por isso que te escolhi. Nada é coincidência, querida. Eu tenho algo a propor e talvez você possa estar interessada. Tenho clientes que poderiam pagar muito bem por uma fantasia muito concreta: serem amamentados com leite materno. É um fetiche exclusivo e é difícil de encontrar. Além disso, qualquer mulher não é suficiente, eles querem uma mulher jovem e atraente. Há um componente sexual subjacente, embora não façam sexo. Você só precisa amamentá-los. Eles nunca te tocarão ou pedirão nada que você não queira fazer, compreende? Talvez eles possam se masturbar, mas você não participa do ato.

—De quanto dinheiro estamos falando? —Perguntei pensativa.

—Muito mais do que você pode imaginar. Em uma hora, você pode ganhar mais do que em uma semana de trabalho comum. Você acha isso interessante?

Pensei por uns momentos nessa estranha oferta. Eu nunca tinha imaginado que tais fantasias pudessem existir ou, que houvesse pessoas que as praticassem.

—Tem certeza que vai ser assim? Eles não vão me tocar ou querer sexo? —Perguntei.

—Eu te garanto, minha querida. Faço isto há anos e te garanto que, na minha casa, não há sexo convencional. É um mundo muito diferente e nós não somos prostitutas; somos *dominatrix*. Nós só fazemos o que queremos.

A proposta não me desagradou em nada. Afinal de contas, a minha vida tinha sido tudo menos normal. Eu não pensei muito, era outra reviravolta. Além do mais, estava curiosa para saber onde a minha decisão me levaria.

—Eu faço. Já está decidido. Conte comigo. — concluí.

Ela sorriu satisfeita. Ela abriu os braços enquanto dizia:

—Bem-vinda à família, querida. De agora em diante, você faz parte da Villa Luísa.

Desde então, eu comecei uma das passagens mais singulares da minha vida. A experiência até aquele momento era apenas a ponta do iceberg do que viria a seguir. Rapidamente, eu tinha entrado para o mundo BDSM (*bondage, discipline, domination, submission, sadism & masochism*). Eu só precisava descobrir um nome apropriado para a nova *dominatrix*.

—Como você quer se chamar? —Luísa perguntou para poder fazer o anúncio da nova *dominatrix*.

—Lady Beatriz. —Respondi sem hesitar. Minha amiga de infância invisível que sempre me acompanhou. A partir daquele dia, durante várias horas, eu me tornaria o meu *alter ego*.

Meus clientes eram executivos de grandes empresas e grandes proprietários de fortunas. Eles gostavam de se render a mim com o prazer de serem amamentados como bebês de verdade.

Eles sugavam o meu peito fechando os olhos com expressões indefesas. Eu acariciava o cabelo deles e, às vezes, cantava canções de ninar enquanto eles adormeciam no meu colo.

Mais tarde, os meus seios começaram a secar, por isso, a Sra. Luísa acabou por me chamar para falar sobre isso.

—Quer continuar trabalhando comigo? — perguntou sem preâmbulo.

—É claro, eu quero, me diga o que devo fazer. —Respondi com entusiasmo.

—Vem comigo. Vou te mostrar uma coisa que você ainda não viu.

Fomos a um porão. Depois, descemos as escadas e entramos numa espécie de corredor. Havia vários compartimentos, uma espécie de cubículos de vidro, onde era possível ver tudo o que acontecia lá dentro. Lá fora, havia espécies de barracas com um grande sofá, de onde se podia ver nas diferentes sessões o que estava acontecendo dentro de cada cubículo da sala, nas quais estavam o mestre e o submisso. Eram homens e mulheres, até mesmo casais, em diversas situações. Alguns permaneciam amarrados numa cadeira ou numa espécie de cruz e outros estavam pendurados no teto por ganchos de metal que lhes perfuravam a pele, podendo apreciar o sangue que corria pelas costas.

Os mestres, como a Sra. Luísa os chamava, estavam envoltos em roupas de couro, látex ou simplesmente roupa íntima e saltos altos. Com chicotes nas mãos, batiam nos escravos insultando, cuspindo e dando ordens que eles obedeciam sem hesitar. As pessoas de fora não conseguiam tirar os olhos do que acontecia por dentro, como se estivessem hipnotizadas pelo espetáculo grotesco. Alguns fumavam pacificamente enquanto outros se masturbavam freneticamente. Curiosamente, a situação não me incomodou em nada. Pelo contrário, um intenso sentimento de curiosidade me invadiu.

—O que você acha? —Luísa perguntou, olhando para os cubículos e gesticulando. —Pode fazer isso? Conseguiria ser como eles?

Eu olhei para trás, olhando diretamente para ela.

—Tenho a certeza que nasci para isto. —Respondi sorrindo.

...

No dia seguinte, o meu treino começou. Pela manhã, depois de deixar a minha filha, voltei à

Villa Luísa e ela estava à minha espera na sala de estar. Ela estava perfeita, maquiada e com um lindo vestido preto com um decote proeminente. Um colar de pérolas australianas pendurado no seu pescoço, o que acentuou a sua elegância. A assistente pessoal, vestida de empregada com uma peruca de mogno, nos serviu o café da manhã e, em seguida, se dirigiu para o canto da sala com a cabeça curvada e as mãos para trás. Acabamos de comer e, dirigindo-se ao *sissy*, Luísa pediu:

—Mimi, pode retirar os pratos.

—Sim, senhora. Como a senhora ordene. — respondeu obedientemente.

Enquanto íamos para o cinema, Luísa me explicou:

—Mimi é um herdeiro rico de uma família aristocrática. Paga um tributo generoso por viver aqui comigo e ser o meu assistente pessoal. Ele cobre todas as minhas necessidades e caprichos. É dócil e complacente, e, após seu treinamento, aprendeu exatamente como se comportar. É uma *sissy*, algo mais complexo do que apenas um travesti. Ele é alguém que gosta de servir e ser útil à sua dama. Um dia você deve ter um, é gratificante, posso lhe assegurar. —Ela concluiu.

Eu sorri e acenei com a cabeça enquanto pensava nessa possibilidade. Depois entramos numa sala de onde se podia ver um móvel com uma pequena coleção de filmes.

—Escolhe um e assiste. Você vai ter uma ideia do que estou falando. Depois, explicarei passo a passo e faremos algumas sessões juntas. —disse ela ao sair pela porta me deixando sozinha na sala de estar.

Escolhi um filme aleatório, coloquei no DVD e comecei a vê-lo.

Era um filme em estilo gótico; foi desenvolvido numa espécie de calabouço medieval. Uma mulher loira, vestida com um macacão de látex que cobria todo o seu corpo, estava no centro da sala com uma espécie de chicote com um punho de diamante na mão. De um lado, sobre uma mesa cirúrgica, vários instrumentos de tortura de metal podiam ser vistos. Um homem nu, com uma máscara de látex com pequenos buracos na altura do nariz, foi acorrentado a um suporte de tortura. A mulher caminhou em sua direção e, sussurrando ao seu ouvido, ela parecia dizer algo. A câmera mostrava o homem acorrentado e acenando com a cabeça.

A sessão de tortura começava. Um tampão de metal foi o seu primeiro instrumento escolhido e, sem muita consideração, ela o introduziu no reto do submisso, que instantaneamente gemeu de dor, mas sem qualquer protesto. A mulher começou a bater o chicote na sola dos pés dele enquanto gritava palavras ofensivas em língua germânica. No final do filme, ela estava sentada em uma espécie de trono e seu escravo estava ajoelhado aos seus pés, esperando por uma nova ordem. Com um gesto de indiferença, a mulher ordenou que ele lambesse as botas dela. O homem obedeceu. Passou a língua pelo couro até engolir o salto agulha, tentando cobri-lo completamente com a boca. Depois de alguns minutos, ela amarrou algumas bolas de aço ao pênis dele enquanto, com uma barra elétrica, deu pequenas descargas em seus testículos e mamilos. Ela não parava de sorrir diabolicamente enquanto o torturava.

Eu vi mais quatro filmes. Cada um deles era completamente diferente.

A Sra. Luísa voltou pouco depois.

—Viu os filmes? O que você acha? —Ela perguntou. —Você quer fazer isso? Posso te ensinar várias técnicas, te treinar e, quando você estiver pronta, pode ter o teu próprio submisso. Só há uma coisa que devo avisar: tenha cuidado e sempre ouça a palavra de segurança. Quando ela for pronunciada, você deve parar imediatamente o que quer que esteja fazendo. O BDSM é sempre baseado no consentimento de ambas as partes. Você deve ter os cinco sentidos no que você está fazendo.

Escutei em silêncio e, após uma breve pausa, respondi convencida:

—Sim, Luísa. Sem dúvida, eu posso fazer isso.

Nos dias seguintes, apenas observei como os outros mestres trabalhavam. Fiz algumas sessões com a Sra. Sira, uma japonesa pequena e magra que usava a técnica *shibari*, uma antiga arte japonesa que ela dominava como nenhuma outra. Apoiada por cordas e um mecanismo de roldana, ela podia suspender uma pessoa no ar por alguns minutos. Luísa também me ensinou várias técnicas interessantes, como o uso do chicote. Esta prática era muito mais complicada do que parecia, pois tinha de ser feita com movimentos circulares e elípticos. Tinham que ser movimentos harmoniosos e esteticamente atraentes para se assemelharem a um movimento de dança, depois, era necessário bater da forma certa para não acabar cansada antes do tempo. O trabalho com as velas também era fascinante. A técnica consistia em derramar a cera apenas em áreas onde não houvesse membranas ou pelos, para depois remover a cera com um pequeno chicote. As peças médicas eram as minhas favoritas. As decorações dos estúdios eram fantásticas; as paredes eram pintadas de preto e vermelho e uma luz fraca ajudava a criar o ambiente. Os acessórios mais incríveis que a mente pode imaginar eram guardados em armários de vidro: mandíbulas, pinças, castiçais com espigões, tampões anais de metal com base em forma de diamante, antigos aparelhos ginecológicos de metal, vibradores de todas as formas e tamanhos... Todos os estúdios tinham uma grande televisão na parede para ver filmes durante as sessões.

Segundo os critérios do dominador, as práticas mais agressivas eram a zoofilia, a *scat* e o *gore*. As fantasias dos meus clientes eram as mais diversas e, às vezes, as mais macabras. Um cliente tinha a perigosa fantasia de ser morto. Uma vez ele pediu para espetar uma faca em diferentes partes do abdômen porque tinha o fetiche de ver o seu próprio sangue escorrer pelo chão. Outro cliente adorava apertar o pescoço com as minhas pernas até ficar praticamente privado de oxigênio, só assim conseguia alcançar um orgasmo. O *scat* também era freqüente. Consistia em defecar em cima de um submisso. Eu tinha um cliente habitual que adorava estar completamente coberto de excrementos humanos e depois limpar o meu rabo com a sua língua enquanto se masturbava.

Tudo era possível em Villa Luísa. Um mundo perturbador onde cada sessão nunca era igual à outra. Eu me movia como um peixe dentro d'água, sentindo que tinha encontrado o meu lugar. Havia também um lugar para as sessões e jogos nos jardins da casa. Os submissos eram enterrados em sepulturas, com apenas a cabeça de fora, enquanto nós nos sentávamos em cima com nossas botas e fazendo eles lamberem os calcanhares. Também nos divertíamos atirando pequenas pedras na cara deles. Havia carruagens onde nós cavalgávamos enquanto eles puxavam como mulas de carga. Nós os selávamos e, com um chicote, os dominávamos, batendo neles como cavalos.

— Você precisa ser capaz de entrar na mente do submisso e exercer sua vontade de uma forma que ele se sinta totalmente entregue a você.

Depois disso, você pode fazer uma sessão verdadeiramente real. — disse Sra. Luísa — Cheguei na Espanha quando era muito jovem e comecei a limpar escadas e sanitários. Fui humilhada muitas vezes por causa da cor da minha pele. Ser mestiça nos anos oitenta era difícil, não havia abertura como hoje. Depois de algum tempo, a prática BDSM entrou na minha vida inesperadamente através de um alemão que se apaixonou por mim. Eu montei este negócio e agora você pode ver tudo o que eu tenho. Nem mesmo nos meus melhores sonhos eu pensei em fundar a Villa Luísa. — Ela explicou cheia de orgulho.

...

Todas as semanas havia o mesmo homem perturbador. Ele era alto e atlético, um pouco forte. Parecia ter quarenta anos, tinha olhos negros, cabelo preto e um ar frio e psicopata. Ele era um dominador à procura de uma escrava e costumava pagar grandes somas de dinheiro para passar uma hora com uma submissa. A sua prática favorita era espancar. A garota era sempre a mesma. Depois de uma sessão, ela saiu com a pele em carne viva por causa das chibatadas e golpes que recebeu. Os cortes nas genitais e mamilos, juntamente com os enormes hematomas nas nádegas, eram comuns. O nome dela era Marta. Ela era baixa e gordinha, com cabelo preto e pele muito branca. Os seus olhos azuis aumentavam o olhar triste que ela sempre tinha. Ela se sentava na cozinha depois de cada sessão, sem fazer nada. Ela costumava beber um chocolate quente vestido com um roupão preto que cobria todo o seu corpo cheio de marcas. Uma vez, eu parei para falar com ela. Ela me contou uma terrível história de violência doméstica, onde seu ex-marido a espancou enquanto ela estava grávida. Ele lhe deu um chute na barriga para abortar o bebê, depois a abandonou porque não podia suportar as responsabilidades com a criança, enquanto ela, vendo-se como mãe solteira, não tinha outra opção para ganhar dinheiro. Ela se deixava ser torturada para poder criar o seu bebê.

Era o mês de agosto. Em Madrid, o calor infernal era de quase quarenta graus, o que fazia com que as ruas ficassem praticamente desertas. A maioria dos habitantes locais escapava para a costa em busca da brisa do mar, por isso havia poucos clientes em Villa Luísa. Estávamos sentadas na cozinha, conversando e tomando um chá gelado que o nosso *sissy* Mimi tinha preparado para a ocasião. O telefone de Luísa tocou de repente. Ela se levantou da mesa e depois de alguns minutos ela voltou para a cozinha.

—Marta, começa a se preparar —disse ela à moça. —O teu cliente chega daqui a meia hora.

Eles se propuseram a fazer outra de suas sessões, como de costume. No entanto, naquela tarde, algo inesperado aconteceu. Estávamos na cozinha quando de repente ouvimos um grito agonizante. Veio do estúdio onde Marta e o dominador estavam. Luísa entrou com uma cara pálida.

—Meninas, saiam o mais rápido possível. Eu não quero perguntas, saiam depressa.

Deixamos a cozinha e fomos para a porta. Olhei para trás e consegui ver a Mimi chorando. Ele carregava toalhas ensangüentadas nas mãos e Luísa parecia nervosa enquanto falava ao telefone. Pouco tempo depois, eu soube o que aconteceu. Marta estava morta. Ela não teve chance. Os socos no abdômen e os pontapés enquanto ela estava no chão foram terríveis. Ela estava gritando a palavra de segurança, mas ele não a ouviu. Ele continuou batendo com mais força até ela sangrar pela boca e ouvidos. O corpo dela estava todo quebrado. Enquanto ela esteve imóvel e sem vida, aquele monstro continuou chutando a sua barriga.

A ambulância chegou minutos depois de Luísa ter ligado, mas eles não puderam fazer nada. A polícia e um investigador forense determinaram a morte. Quando o cadáver foi levantado, o dominador já não estava em casa. Luísa tentou explicar o que aconteceu como um acidente, mas era impossível. Foi claramente um assassinato. A causa da morte, de acordo com o perito forense, foi devido a uma forte hemorragia interna devido ao brutal espancamento recebido. Luísa foi questionada sobre a identidade do agressor, mas ela sabia que se falasse, seus dias estariam contados. O dominador era um executivo poderoso e uma figura pública reconhecida, diretor de uma das mais importantes empresas de construção do país. É claro que nenhuma de nós testemunhou contra ele, por isso nada aconteceu. Luísa foi presa, e o assassino de Marta nunca foi encontrado. O caso foi rapidamente encerrado e, passado algum tempo, foi esquecido. Era o fim da Villa Luísa. A casa foi fechada e, mais tarde, foi posta à venda. Demoliram a casa para construir um edifício de escritórios. O proprietário da empresa responsável pela construção era o próprio dominador.

Depois de algum tempo, voltei ao meu antigo emprego. Lady Beatriz tinha acabado, por isso acabei por voltar à minha vida normal. Decidi trancar Beatriz no calabouço mais escuro da minha mente e jogar a chave fora. Comecei a interagir mais com os meus colegas de trabalho e a sair para festejar nos fins-de-semana com os meus amigos. Estávamos viajando por diferentes cidades da Europa. Visitamos algumas capitais europeias, como Londres, Roma e Paris. Eu estava vivendo uma segunda juventude. Um momento doce e tranqüilo.

CAPÍTULO III

No início do ano, o meu melhor amigo e eu planejamos uma viagem. Escolhemos um destino não muito caro, que era perto de Madrid. Seria uma escapadinha de fim-de-semana. Escolhemos uma cidade pequena e pitoresca no norte de Portugal; a cidade era Porto. Eu nunca tinha estado em Portugal, por isso estava entusiasmada para provar a boa comida, conhecer a beleza das ruas e a simpatia das pessoas. Era um lugar perfeito para relaxar por alguns dias e sair da confusão que era Madrid. Aterrissamos na sexta-feira no aeroporto *Francisco de Sá Carneiro*, na cidade do Porto. Era um dia cinzento com pouca chuva. A minha primeira impressão não foi muito agradável. Estava frio e havia muita umidade.

O nosso hotel ficava no centro da cidade, então pegamos o metrô diretamente do aeroporto. Chegamos à estação do *Bolhão*. Quando fui lá fora, o cheiro dos bolos e quitutes me envolveu. Havia um lindo café antigo na nossa frente e decidimos entrar para tomar o café da manhã. Bebemos café com leite quente e um *pastel de nata*, um doce típico português feito com ovo, massa folhada e um toque de canela. Simplesmente delicioso. Era uma cidade antiga com ruas empedradas e prédios antigos. Parecia que tínhamos voltado de repente no tempo, como se estivéssemos em uma cidade do início do século. Chegamos ao hotel e rapidamente subimos para os quartos para deixar as malas e saltamos para as ruas para passear. Tive que comprar sapatos baixos, era impossível andar de salto alto pelas ruas calcetadas e íngremes do centro da cidade. A Avenida dos *Aliados* era imponente. Caminhamos até à Torre *dos Clérigos*; um edifício barroco, classificado como monumento nacional. Era uma visita obrigatória para todos os que chegavam ao Porto pela primeira vez. Entramos nela e subimos mais de cem degraus para chegar ao cume, mas valeu a pena. A paisagem era espetacular. O rio *Douro, com os* seus pequenos barcos turísticos a navegar ao longo do curso do rio, era lindo. Ao fundo, podíamos vislumbrar as águas calmas do rio encontrando-se com o desbravador Oceano Atlântico e eu não podia deixar de sentir uma enorme emoção ao observar essa imagem, como uma espécie de metáfora da minha vida. Marina e Beatriz, águas calmas e agitadas juntas em um só corpo. Minha amiga voltou ao hotel, mas eu fiquei observando o pôr-do-sol. Era como uma bola de fogo que parecia entrar lentamente na água.

Voltei a pé para o hotel e jantamos num restaurante próximo. Pedimos outro prato típico, a *francesinha*, uma espécie de sanduíche com vários tipos de carne, queijo derretido e um molho de cerveja picante, também delicioso. Bebemos vinho em um terraço e depois fomos dormir.

No sábado visitamos a Riviera, atravessamos a ponte *Dom Luís*, uma estrutura metálica construída no século XVIII para ligar as cidades do Porto e *Vila Nova de Gaia*, ambas separadas pelo rio *Douro*. Depois, seguimos para as caves. O Porto é famoso pelos seus vinhos, por isso decidimos passar a tarde numa das suas famosas adegas. Ao pôr-do-sol, ficamos de frente para o mar. Entramos num velho bondinho em frente à Praça *da Batalha* e saímos rumo à *Foz*, o bairro privilegiado da cidade onde se situava a foz do rio *Douro*. Voltamos a ver o pôr-do-sol, agora de um pequeno bar típico, comendo petiscos e tomando vinho verde com o melancólico som do *fado* português ao fundo.

No domingo, queríamos aproveitar o nosso último dia na cidade, mas uma tempestade veio através do oceano. A chuva torrencial inundou as ruas, era impossível sair do hotel, por isso ficamos a vaguear pelo hotel a manhã toda. Não havia praticamente nenhum cliente e estávamos entediados. À tarde, a recepção estava deserta. Minha amiga tinha conhecido um rapaz português e acabou indo para o quarto com ele, me deixando no bar do hotel.

Um português na casa dos 60 sentou-se ao meu lado no bar, e como estávamos sozinhos, começamos a falar de assuntos sem importância. O recepcionista, um jovem rapaz, se juntou a nós e nós três conversamos animadamente. Eu sempre fui comunicativa e essa era uma boa maneira de passar a tarde. Depois de algumas horas de conversa agradável, o homem teve que sair, então eu fiquei com o recepcionista conversando. Ele era um rapaz de uns vinte e cinco anos, muito educado e estranhamente maduro para a sua idade. Nós nos reunimos rapidamente e a conversa fluiu sem nenhum esforço. Não me lembro do que conversamos, mas o sentimento de proximidade que foi criado era perceptível. Podia ver em seus olhos e nos sorrisos tímidos que ele deixava escapar. Em mais de uma ocasião, o peguei olhando várias vezes para o meu decote e gostei disso. O sorriso dele era bonito e franco, braços fortes e, sem ser alto, estava bem esbelto. Tinha cabelos pretos e pele branca, olhos verdes escuros que se fixavam em mim com interesse e imprudência.

Havia algo de diferente nele. Ele tinha acordado a doce mulher que estava adormecida. Eu nunca tinha experimentado as borboletas no estômago de um amor adolescente. Eu era uma mulher de trinta anos, e, naquele momento, me sentia uma menina tímida. Ao longo da noite, a ligação se tornava mais evidente. No final do seu turno, às onze horas da noite, ele teve que sair, mas primeiro, se aproximou e disse:

—Eu sei que provavelmente não vamos nos ver outra vez, por isso gostaria de te conhecer melhor antes de você partir. O que você acha de tomar um café agora?

Eu sorri avermelhada e sentindo o meu estômago girar. A emoção era intensa, nunca experimentada.

—Sim, eu adoraria tomar algo com você. — Respondi gentilmente.

—Me espera na entrada do hotel. Vou levar apenas cinco minutos para me preparar. — respondeu ele com um sorriso.

Usei o elevador para ir para o meu quarto. Me olhei no espelho e, com um sorriso no rosto, escovei os dentes e retoquei a maquiagem, depois voltei para o corredor depressa. Fui lá fora, estava frio, mas eu ardia em chamas. Senti uma onda de calor envolver todo o meu corpo. Ele estava lá, apenas esperando com um sorriso radiante. Ao chegar ao seu lado, nos olhamos e começamos a caminhar um ao lado do outro.

—Vamos encontrar um bar, o que acha? — perguntou ele, com um sorriso nos lábios.

Acenei positivamente com a cabeça, enquanto sentia as borboletas tremerem no meu estômago.

Caminhamos pelas ruas escuras e empedradas da cidade. Estava chovendo levemente, então compartilhamos o guarda-chuva. Estávamos muito perto, sentia a sua respiração agitada, mal podíamos trocar olhares sem trair o forte desejo que sentíamos de nos beijarmos. Chegamos à Praça *da Batalha*. Não havia ninguém na rua, era domingo e estava chovendo. Quase todos os bares estavam fechados. Havia um aberto, parecia muito humilde, por isso entramos sem qualquer tipo de julgamento. Pedimos duas águas enquanto nos sentávamos de frente um para o outro. Ele me olhou intensamente e eu sorri de vergonha como uma menina da escola.

Ele pôs a mão dele na minha e os nossos olhares se encontraram. Depois, aconteceu, nos beijamos apaixonadamente e algo em mim clicou. Meu coração, até aquele momento frio e impassível, começou a bater com uma força descontrolada. Eu não conseguia parar de me perguntar se isso era amor. Eu nunca tinha experimentado essa sensação e me senti tomada. Deixamos o bar e voltamos para o hotel, abraçados e parando em cada esquina para nos beijar. Ao chegar na porta, ele me pressionou contra uma parede e eu senti seu pênis duro, coloquei minha mão sobre ele enquanto tocava meus seios por cima da camisa. Começamos a andar em círculos como se estivéssemos nus. Trocamos números e eu subi para o meu quarto ainda bêbada com o sabor dos lábios dele.

Na manhã seguinte, peguei o vôo para Madrid. Estava sonhando com aquele rapaz de alma pura que tinha dado a volta no meu mundo.

Conversávamos frequentemente ao telefone e dizíamos palavras de amor e promessas que me fizeram sentir a mulher mais especial do mundo. Dias depois, ele me pediu para ir vê-lo novamente. Eu tinha reservado um fim-de-semana num hotel de uma cidade turística no norte de Portugal, *Guimarães*. Um lugar histórico onde, como ele disse, Portugal tinha sido fundado como país. Aceitei sem hesitar.

Quando o dia finalmente chegou, recebi uma chamada dele no aeroporto. Ele parecia impaciente.

—Olá, só falta uma hora pra você ser minha. — disse ele.

—Sim, eu vou ser. Não posso esperar mais. — Respondi totalmente excitada.

Pensamentos quentes me acompanharam durante toda a viagem. Quando saí pelo portão de embarque, lá estava ele, tão bonito e sorridente, com uma rosa nas mãos.

—É pra você. —disse ele enquanto me entregava a rosa.

—Você me deixa sem jeito. Obrigado, são muito bonitas. —Respondi envergonhada.

Não conseguia parar de pensar que era a minha primeira rosa. Nunca ninguém me tinha dado flores antes. Entramos no carro e ele me beijou na testa. Fiquei surpreendida, esperava um beijo apaixonado antes de um beijo angelical na testa. Este rapaz era muito diferente. Pensei que ele me levaria direto para o quarto dele e foderíamos sem parar, mas isso não aconteceu. Ele parou o carro numa cafeteria e me convidou para tomar o café da manhã. Conversamos e rimos tanto que, mais uma vez, houve uma ligação e muita cumplicidade. Andamos pela cidade de *Guimarães* e ele me mostrou tudo. Como um bom anfitrião, ele conhecia a história da cidade. O castelo dos reis era imponente, passamos a manhã toda visitando-o. Fernando não parava de me surpreender, parecia que não tinha pressa em me levar para a cama. Me tratava com respeito e devoção e era a primeira vez que um homem fazia algo assim por mim. No final da tarde, ele me perguntou timidamente se eu queria ir para o hotel. Olhei nos seus olhos e respondi.

—Sim, eu quero.

Chegamos à entrada e fizemos o check-in. Subimos para o segundo andar e entramos no nosso quarto. Fernando me tomou em seus braços e me beijou. Quando nos sentamos na cama, eu perguntei:

—E agora?

Me olhando nos olhos, ele começou a tirar minha roupa. Ele colocou a mão nos meus lábios e sussurrou:

—Agora quero aproveitar cada segundo. Você é incrivelmente linda... Nunca conheci ninguém como você.

Ele desabotoou os botões da minha camisa um a um, tirou as minhas calças e eu fiquei só com a minha roupa interior. O olhar dele estava fixo em mim. Ele parecia viver um sonho, um desejo incontrolável que parecia o invadir completamente.

Ele sussurrou no meu ouvido outra vez:

—Você é a garota mais bonita que eu já conheci.

Olhei para ele e, com lágrimas de emoção nos meus olhos, fiquei cabisbaixa. Eu não sabia mais o que fazer, estava envergonhada como uma menina que faria amor pela primeira vez. O meu corpo tinha sido de outros homens, mas nunca a minha alma. Ele me fez esperar. Continuou me fazendo carinho e beijando o meu pescoço. Desceu lentamente até os meus seios e chupou os meus mamilos. Gemi de prazer e as pontas dos meus seios ficaram duras. Ele começou a descer pelo meu abdômen, me acariciando até chegar na minha vagina. Colocou a língua no meu clitóris e, com a ponta, lambeu bem lentamente. Uma corrente de calor corria pelo meu corpo; eu gritava e chorava, me retorcia de prazer enquanto ele continuava. Tive um orgasmo tão intenso que me deixou sem forças. Ao mesmo tempo, lágrimas de emoção inundavam meu rosto. Ele se deitou em mim e me beijou apaixonadamente, depois me penetrou. Me encheu de prazer com aquele sexo, até lá no fundo. Começou a balançar lentamente para frente e para trás, uma e outra vez. Eu movia os meus quadris com o ritmo dos seus impulsos. Nossos corpos se entendiam como se já nos conhecêssemos há muito tempo. Então mudamos de posição. Fiquei em cima dele pra montar naquele pênis com força enquanto ele segurava o meu rabo com as mãos. Ele ficou louco de prazer. Os olhos dele fixaram-se nos meus seios e ele então começou a os beijar e chupar. Nós gritávamos e gemíamos. Eu me apoiei nas minhas pernas para pular no pau dele. Eu podia sentir toda a cabeça enquanto ele me ajudava com os braços fortes. Ele ficou louco de prazer e depois explodiu, me fazendo sentir todo aquele esperma quente me preencher. Quase instantaneamente, eu também gozei. Nós caímos exaustos lado a lado. Olhamos um para o outro por alguns minutos sem dizer uma única palavra. Não era necessário; eu estava perturbada e as lágrimas saltavam dos meus olhos novamente.

—Você está bem? —Ele perguntou preocupado. —Por que você está chorando? Eu fiz alguma coisa errada?

Eu olhei para ele e respondi com uma voz rouca e quebrada:

—Não, eu estou bem. É exatamente o oposto.

Ele me cercou com seus braços ternamente e me beijou na testa novamente. Nessa noite, passamos horas fazendo amor em um delírio de sexo e desejo insaciável. Dormimos abraçados e nus, cansados. No dia seguinte, exaustos e famintos, fomos tomar o café da manhã na sala de jantar do hotel. Ficamos o tempo todo nos tocando debaixo da mesa. Não conseguíamos parar de nos tocar e de nos beijar. O pênis dele estava sempre duro e a minha vagina completamente molhada. Nossos corpos tinham sua própria linguagem e eles podiam se entender sem ter que articular palavras. Só um olhar era suficiente para saber o que queríamos fazer e fazíamos sem pensar.

Fomos dar outro passeio pelas ruas e caminhamos de mãos dadas, rindo e falando sobre tudo. Não parávamos de nos beijar; estávamos cercados por uma atmosfera decadente e maravilhosa que nos levava a outro tempo e lugar. A magia das ruas e o ar romântico que respirávamos nos envolviam. Foi um fim de semana inesquecível, o lugar perfeito para dois amantes começarem a sua história de amor. No domingo à tarde, regressei a Madrid, de volta a casa. Tínhamos decidido nos encontrar de novo e manter o contato. Todos os dias, as mensagens de amor e os telefonemas eram freqüentes. Suas palavras eram cheias de ternura e sua maneira de falar fazia minha cabeça girar. Pela primeira vez, o amor batia à minha porta e aqueles sentimentos eram completamente viciantes e intoxicantes, eu queria mais, por isso viajava frequentemente ao Porto para estar novamente nos braços dele.

Fernando era muito atencioso; sempre trazia flores para o aeroporto com cartas de amor onde ele dizia que me amaria para sempre. Costumávamos ir ao mar para ver o pôr-do-sol. Ele me tomava em seus braços e me beijava sem parar, nunca se cansava de me dizer o quanto eu era bonita. O sexo era apaixonante, quase como um sonho e olhávamos frequentemente nos olhos um do outro enquanto fazíamos amor. Além disso, a maneira como nos abraçávamos não deixava espaço entre nós, queríamos tanto que não conseguíamos parar de nos tocar. Vivíamos um para o outro vinte e quatro horas por dia, sempre. Na minha vida eu só tinha conhecido a escuridão e ele era um raio de luz que entrava pela minha janela. Eu pensava que seria o fim do meu tormento e nunca mais ficaria sozinha. O passado seria deixado para trás e eu não voltaria a sofrer. Finalmente eu poderia ser uma pessoa normal e amar plenamente.

Depois de alguns meses intensos, chegamos a um ponto em que a relação se tornou mais séria, então ele pediu para conhecer a minha filha.

—É parte de ti e de quem você é, por isso quero conhecê-la. —disse ele, sorrindo e me dando um abraço.

—Você tem certeza de que é isso que você quer? Eu sou uma mãe solteira e é minha responsabilidade quem entra na vida dela. —Eu respondi.

—Marina, estou falando sério contigo. Eu quero tudo com você e quero que você seja minha mulher. Eu quero casar e ter filhos, você é o amor da minha vida.

Lhe dei um abraço e chorei como uma adolescente com tal declaração de amor. Lhe apresentei minha filha pouco depois. Ela era um bebê de dois anos e nunca teve uma figura paterna, então eles imediatamente se deram bem. Ela o abraçava e o beijava. Desde o primeiro momento que ela se sentou ao lado dele, o chamou de pai como se soubesse que este era o papel que ele iria desempenhar desde aquele momento. Eu gostava de vê-los juntos. Eu não sentia o ciúme e a posse que eu vivenciava com o seu pai biológico. O amor pode nos mudar tanto!

...

Após seis meses de felicidade, planejamos juntos umas férias em *Mallorca*, uma ilha no Mediterrâneo com praias quentes, enseadas divertidas e cristalinas, natureza exuberante e muito sol. Passamos alguns dias surreais, sempre sorridentes, brincando na água e caminhando pela areia. Alugamos um quadriciclo para passear pela ilha. Eu o abraçava, sentindo seu forte peitoral com meus seios colados às suas costas. Paramos no meio do campo e fizemos amor em cima do quadriciclo. Ele me beijava e me acariciava com ternura o tempo todo, também me punha de costas e me fazia sentir o vigor do seu sexo, me penetrando com força e desejo. Costumávamos andar pelas pequenas enseadas desertas e entrar na água nus para fazer amor.

À noite, saíamos para os bares para dançarmos juntos. Nos beijávamos apaixonadamente e voltávamos para o quarto do hotel. Acabávamos a noite nos devorando novamente em um redemoinho interminável de paixão sexual. Dormimos nus juntos, sentindo o cheiro da nossa pele e o esfregar do nosso corpo. Ao voltar para casa depois daquela semana dos sonhos, estávamos mais apaixonados do que nunca, eu só conseguia pensar nele. Sentia sempre a necessidade de estar com ele, por isso as minhas viagens para o visitar eram cada vez mais freqüentes. A cada quinze dias, eu viajava para o Porto para estar nos seus braços.

Numa fria e chuvosa noite de novembro, estávamos falando ao telefone. Conversamos por uma hora, dizendo palavras de amor e sentindo que um fio invisível nos unia através do telefone. Não conseguíamos dizer adeus. Mas se desligou. A bateria do telefone estava esgotada. Fui para a cama pensando que o recarregaria no dia seguinte e voltaríamos a nos falar. Quinze minutos depois, ele ligou de novo. Tinha ido ao caixa mais próximo, mesmo durante a chuva, para recarregar o telefone para continuar falando comigo. Entusiasmado, com uma voz quebrada, ele me disse:

—Fui recarregar o telefone porque não conseguia parar de falar contigo, meu amor. Sinto que você é a mulher da minha vida e quero partilhar tudo com você. Quero ir para a cama contigo todos os dias e acordar vendo seu rosto todas as manhãs. Deixa-me cuidar de você e te mimar, vou te fazer feliz e ser um pai para a tua filha. Vem viver comigo em Portugal. O que me diz? Vamos começar uma vida juntos.

Ficamos em silêncio durante alguns segundos e o meu coração acelerou. Eu engoli seco e as lágrimas brotaram dos meus olhos. Assim que consegui articular as palavras, eu disse:

—Claro, eu vou. Também quero estar ao seu lado a cada segundo da minha vida. Quando não estamos juntos, sinto uma grande dor no meu peito. Fico ansiosa e espero sempre que o telefone toque para ouvir a sua voz. Quando isso acontece, eu sou a mulher mais feliz do mundo.

Durante os dias seguintes, começamos a planejar nosso futuro juntos. A partir daí, o sonho de amor que queríamos aconteceu, e, estávamos dispostos a enfrentar tudo. Encontramos um apartamento numa zona periférica, mais no interior do Porto. A cidade era *Valongo* e estava rodeada de montanhas e vales. Tudo era muito diferente da movimentada e caótica Madrid. Quando visitei a nossa nova casa, senti que era o lugar perfeito para começar uma nova vida com a minha filha. Quando voltei para casa, contei à minha mãe a decisão e, embora ela não concordasse com a ideia da minha mudança, ela finalmente aceitou.

Dias depois, comecei a mudança. Fui para Portugal levando a minha filha comigo. Cheguei ao Porto numa tarde de dezembro, depois de ter conduzido durante seis horas desde Madrid. Ia com um coração feliz, desejando me atirar nos braços daquele homem. Quando finalmente chegamos, estávamos com fome. Deixamos as coisas depressa para ir comer na casa dos pais dele.

Eu os conhecia muito vagamente, porque não tínhamos tido muito contato até aquele momento. Achei uma boa ideia ir comer com eles para fortalecer os laços; afinal de contas, seríamos família. Entramos pela porta da casa de Fernando. O pai dele estava nos esperando com um grande sorriso.

—O meu nome é Manuel, prazer em conhecê-la. —Fez uma boa viagem? —perguntou educadamente.

—Sim, embora esteja um pouco cansada da viagem, mas estou muito feliz por estar aqui com vocês. —Respondi sorrindo.

A mãe dele estava separada num canto da sala. De lá, ela olhou para mim até que finalmente se aproximou.

—Muito bom ter você em minha casa. O meu nome é Josefa. —disse ela com um sorriso um pouco forçado.

Durante toda a refeição, nós conversamos animadamente. Ela intervia pouco e, quando intervia, era monossilábica. O pai dele, por outro lado, era muito engraçado. Não havia dúvida de que Fernando tinha herdado seu jeito de ser. A noite foi agradável, mas algo estava errado. O olhar de Josefa me perturbava, embora eu não tenha dado muita importância a isso. No caminho para casa, conversamos sobre isso.

—Não se preocupe, eles precisam apenas de um tempo. Você é a primeira pessoa que levo para casa deles e eles só precisam se adaptar. Além disso, finalmente tenho todas as pessoas que amo ao meu lado. —Ele exclamou com um grande sorriso no rosto.

Quando chegamos em casa, colocamos a menina para dormir no quarto dela, já no nosso quarto, fizemos amor ternamente, adormecendo um ao lado do outro totalmente nus.

Os dias passaram numa calma intoxicante. Os fantasmas do passado dissipavam-se. Beatriz não falava mais comigo e começou a cair no esquecimento, escondida em um canto profundo da minha mente. Chegou o mês de dezembro e, com ele, o Natal. Seria o primeiro com a sua família. Passamos todas as férias juntos e em perfeita harmonia, no entanto, notei que Josefa estava um pouco estranha comigo. O seu olhar e os seus gestos eram muito perturbadores. Tive a clara impressão de que ela tinha algo contra mim. Às vezes ela dizia coisas desagradáveis e indiretas, ela me questionava sobre a minha vida e olhava com desdém para o meu casamento anterior. Eu não dava muita importância a isso;

eu estava apaixonada. Nada podia me fazer descer da nuvem em que eu flutuava.

A minha filha começou a chamar o Fernando de pai por iniciativa própria. Talvez, na sua cabecinha de criança, parecesse que ele realmente era. Além disso, com apenas três anos de idade, ela nunca tinha tido um pai, então ela o via como aquela figura que esperava. Fernando e eu não a corrigíamos, parecia bonito para nós; afinal, era isso que queríamos ser: uma família.

Num domingo, como sempre, fomos almoçar com os pais do Fernando, no entanto, durante o almoço, aconteceu uma cena desagradável. Minha garota estava comendo calmamente quando, de repente, sentiu sede, então acabou pedindo para Fernando dar um pouco de água para ela.

—Pai, me dá água, por favor. —disse ela, apontando para a garrafa em cima da mesa.

Josefa saltou como uma mola; o seu rosto começou a ficar vermelho como um tomate. Visivelmente perturbada, ela exclamou:

—Você sabe que ele não é o seu pai, certo? — Disse ela à minha filha.

A menina ficou séria enquanto olhava para ela com profunda tristeza. Na sua inocência, ela não entendia o significado daquelas palavras. Eu não conseguia parar de sentir uma enorme onda de indignação. Eu não conseguia entender como uma mulher adulta poderia falar assim com a minha filha, também não conseguia entender tal crueldade desnecessária.

Ela continuou falando, se dirigindo ao seu filho naquela ocasião:

—Por que você permite que ela te chame de papai, Fernando? Você não é o pai dela e sabe disso. Ela tem o pai dela e não é você.

O Fernando tentou acalmar as coisas:

—Mãe, deixa a garota. Para ela, é normal. Ninguém impôs e, sendo honesto, fico contente por ela me ver como um pai.

—Eu acho que devíamos ir. —Eu disse, cheia de indignação, apertando os punhos.

Me levantei da mesa e me dirigi à porta sem dar uma palavra.

—Não vá, filho. Perdoe o que eu disse, eu não queria, é apenas a verdade, foi sem más intenções. —disse ela, me encarando cheia de ódio. A partir daquele dia, nossas visitas à casa de seus pais se tornaram menos freqüentes. Aos domingos não íamos aos almoços familiares, por isso Josefa ficava zangada. Tinha perdido algo que sempre tomou por garantido: o incontestável controle e autoridade sobre o seu filho.

Foi fácil perceber que a mãe dele não gostava da nossa relação.

Uma tarde, depois de ir visitá-los, Fernando chegou desapontado.

—O que aconteceu, amor? —perguntei preocupada.

—Tive uma discussão com a minha mãe. Ela não te ama e disse que foi um erro viver contigo. Ela disse que eu deveria ter procurado uma menina portuguesa sem filhos e com a minha idade e não uma mãe solteira que seria um fardo para mim. Fiquei zangado, saí de casa sem falar nada. Ela não parava de chorar. Além disso, ela me recriminou e disse que eu não a amava como antes.

—Meu amor, isso vai passar. Não precisa se preocupar, vai correr tudo bem, você vai ver.

Eu abracei o Fernando, tentando tranqüilizá-lo e confortá-lo. No entanto, dentro da minha cabeça, uma voz familiar me repetia:

«Tenha cuidado, Marina. As coisas vão ficar piores a partir de agora. »

A relação com os pais de Fernando estava ficando tensa, chegando a um ponto em que, sem razão aparente, Josefa me proibiu de entrar em sua casa. Durante a noite eu ficava totalmente isolada num país estranho, com a companhia de Fernando e minha filha. Fernando continuou visitando seus pais, tentando acalmar os ânimos, mas cada vez voltava mais triste.

—A minha mãe mal fala comigo, me trata friamente. —disse ele visivelmente desanimado, atirando-se para os meus braços.

As brigas logo chegaram. Ficava enfurecida por ele ficar indo lá para ser maltratado. Não pude evitar recriminar o Fernando por ser fraco e por ter sido chantageado. Fernando estava no meio das duas mulheres de sua vida, segurando os bastões de ambos os lados. Nessa situação, o Natal seguinte chegou num cenário completamente diferente do ano anterior. O sonho estava se desvanecendo e a felicidade escapava de nossas mãos sem que percebêssemos.

Uma tarde ele apareceu desesperado e quase à beira do choro. Com um rosto desgrenhado, confessou que Josefa não me queria no jantar de Natal ou em qualquer outra celebração familiar. Ele podia ir, mas sozinho, porque nem eu nem a minha filha éramos bem-vindas. A minha reação foi violenta e cheia de raiva. Eu estava fora de controle, queria enfrentá-la para ouvir dos seus lábios a razão dessa crueldade.

—Vamos agora para a casa dos teus pais. Vou pôr um fim nisto. Quem eles pensam que são para fazer algo assim? —Gritei fora de controle, cega de raiva. Algo tinha rompido dentro de mim e a fúria de Beatriz estava de volta.

—Calma, Marina, não te reconheço. —Ele implorou pateticamente.

Entrei no carro ao lado dele e dirigi até a casa dos pais dele. Fernando olhava para mim com medo, vendo uma mulher que ele não conhecia. Ele se recusou a entrar enquanto me agarrava pelo braço e implorava:

—Você tem que me ouvir; você não pode fazer isso comigo. Se você for lá nesse estado, você me colocará numa situação muito difícil. Estou pedindo, por favor, reconsidere, por favor, pela nossa filha. Por favor, não a deixe passar por isso.

Então, parei. E, logo em seguida, as lágrimas começaram a descer dos olhos dele. Ele chorava feito uma criança. Quando o vi naquele estado, consegui compreendê-lo. Fernando tinha vivido toda a sua vida no regime de terror que Josefa implementou e tinha medo de enfrentar a sua mãe. Nós nos abraçamos por vários minutos chorando inconsolavelmente, então finalmente decidimos ligar o carro e ir para casa.

No dia seguinte, ele levou a menina à escola e, ao voltar, me trouxe o café da manhã na cama. Ficamos abraçados a manhã toda enquanto chorávamos e fazíamos amor em uma espécie de tristeza apaixonada. A chama que nos unia ainda estava viva, o mundo exterior deixava de existir quando estávamos juntos.

Chegou o temido dia de Natal. Fernando não foi jantar com seus pais, então ficamos em casa. Eu cozinhei algo simples e vimos TV, abatidos e tristes. Minha filha adormeceu e nós nos abraçamos no sofá em silêncio. Sem dúvida, a sombra de Josefa estava presente. A véspera de Ano Novo correu da mesma maneira.

No início de janeiro, encontrei um trabalho numa empresa de produtos médicos que fazia entregas na Espanha. Estávamos felizes, porque ele e eu tínhamos empregos e as coisas começaram a melhorar. No entanto, a situação com sua mãe permaneceu a mesma, escurecendo nossas vidas. Estávamos a menos de um quilômetro e parecia que o oceano inteiro nos separava. Eu sabia que ele sofria, sempre foi muito apegado a ela, portanto, o castigo severo que ela impunha era cada vez mais insuportável.

...

Meses depois, comecei a sentir náuseas e vômitos. Eu sabia o que isso significava, então corri para a farmácia para fazer um teste de gravidez. O resultado foi positivo, eu estava à espera de um filho. Corri para dar a notícia ao Fernando. Nós pulamos de alegria. Um bebê, um fruto do nosso amor. Era a melhor coisa que nos podia acontecer. Quando a minha filha soube disso, enlouqueceu de alegria.

—Um irmãozinho para brincar, mãe! —disse ela alegremente.

Era um sonho se tornando realidade, a nossa família estava consolidada. Quando Fernando foi dar a notícia aos seus pais na esperança de que eles reconsiderassem e me aceitassem, tudo se tornou trevas novamente. Ele voltou uma hora depois, com a dor refletida em seu rosto.

—O que aconteceu? —perguntei.

Ele baixou a cabeça no meu ombro enquanto se acabava em lágrimas. Ele me contou o que aconteceu. A mãe dele tinha enlouquecido quando ele deu a notícia. Ela começou a andar pela sala com olhos ensangüentados, gritando histericamente e dizendo que nunca aceitaria aquele neto, não importava o que fizéssemos. O pai dele permaneceu em silêncio sem saber como reagir. Fernando chorou a tarde toda nos meus braços. Meu ódio contra aquela mulher cresceu mais. Como é que ela podia se comportar assim? Que tipo de pessoa doente poderia torturar o próprio filho dessa maneira e sujeitá-lo ao desespero? Ela queria que a sua vontade fosse feita a todo o custo, independentemente de quão remotos fossem os seus sentimentos.

Decidimos continuar com a nossa vida tentando recuperar a normalidade. O que deveria ser o período mais feliz de nossas vidas, foi apagado pela atitude de Josefa. Discutíamos muitas vezes. Eu costumava reclamar da falta de coragem dele, permitindo que ela fizesse de nossas vidas um inferno com total impunidade. Ele silenciava. No entanto, continuou a visitá-los. Ele mentia só para ir lá. Estava sob a influência de uma espécie de seita religiosa onde a única voz que importava era a da sua mãe.

Em muitas ocasiões, durante essas visitas, eu ficava do lado de fora, esperando no carro como um ser indesejável, mastigando minha dor. Minha gravidez não estava sendo o período bonito e especial que eu havia idealizado em minha mente. Uma vez, Fernando chegou com um grande sorriso nos lábios.

—Finalmente meus pais concordaram em nos receber em casa. Vamos no domingo para comer com eles.

—Que boa notícia, amor! Estou contente. Finalmente vamos ser uma família. —Respondi tentando parecer alegre. No entanto, a minha voz interior gritava que eu deveria ter cuidado.

No domingo, como tínhamos combinado, chegamos à casa dos pais dele depois da hora do almoço. O ambiente gelado da recepção de Josefa era indescritível. Ela nem se deu ao trabalho de me olhar na cara quando me cumprimentou. O pai foi um pouco mais amigável, ele apertou a minha mão com um sorriso tímido. Eu estava esperando uma conversa aberta, um pedido de desculpas, mas nada disso aconteceu e eu só recebi indiferença. Eles se comportaram de uma maneira tão covarde e mesquinha que eu só pude me sentir desapontada com aquela cena patética. Fernando participou do jogo sem protestar, sem exigir um pedido de desculpas pela forma como me trataram. A raiva me agarrou e eu senti o desejo de me levantar da mesa e sair sem olhar para trás. Durante o jantar houve um silêncio embaraçoso, a tensão era palpável, praticamente não olhávamos um para o outro. Sem dúvida, foi o momento mais estranho que eu já tinha vivido.

No final, estávamos sozinhas na cozinha, enquanto Fernando e seu pai iam tomar café em um bar próximo. Ela praticamente não falou comigo nem pediu desculpas pela sua atitude, só me ofereceu um chá de azia enquanto falava em monossílabos, de forma forçada. Quando Fernando e seu pai voltaram, pedi para que ele me levasse para casa, eu não suportava mais estar lá.

Continuamos indo à casa dos pais dele por causa do desejo de Josefa. Íamos lá quase todos os dias, embora eu não gostasse de estar lá, entretanto aceitei para evitar conflitos. Um mês depois, comecei a me sentir mal. Uma vez, acordei fraca com uma dor na cabeça, senti um estranho zumbido nos meus ouvidos. Fui imediatamente ao médico e, quando cheguei, o médico tomou a minha pressão arterial.

—Você tem tensão muito alta; temos de controlar isto. No seu estado é muito perigoso, você sofre de pré-eclâmpsia —disse ela.

Ela explicou que era uma doença que se podia manifestar no segundo período de gravidez, sendo muito perigosa para o feto e para mim. Eu estava indo para o quinto mês de gravidez e isso me preocupava. No entanto, a médica me explicou que, com o tratamento e controle médico adequado, não haveria problemas. Ela me receitou alguns comprimidos e recomendou que eu tomasse a tensão pelo menos uma vez ao dia para mantê-la sob controle. Deixei a consulta confiante e, nos dias seguintes, tomei todas as precauções que o médico me tinha recomendado. Mas alguns dias depois, eu estava pior, me sentia cansada e fraca, mal conseguia andar. Num sábado à tarde, comecei a ter febre, e, quando fui ao banheiro, notei um cheiro forte saindo da minha vagina. Fernando tinha ido jogar futebol com seus amigos, então eu estava sozinha em casa. Quando ele chegou em casa, eu disse entre lágrimas e gritos:

—Por favor me leve para a emergência, algo está errado com o bebê, eu sinto. Por favor, me leve agora.

Entramos no carro com Camila e seguimos para o hospital. A sala de emergência para mulheres grávidas estava vazia, com o intuito de que me examinassem rapidamente.

—Que sintomas você tem? —perguntou a enfermeira. Contei entre soluços como me sentia, o cheiro desagradável e a grande fraqueza que tinha desde vários dias atrás. O rosto dela ficou pálido e, visivelmente preocupada, ela chamou o médico. Eu deitei no sofá e eles começaram com o ultrassom. Colocaram um líquido viscoso e frio na minha barriga, depois, passaram uma espécie de rolo por ele. Numa tela eles podiam ver o meu interior. Olharam-se estranhamente e a médica perguntou de forma sombria:

—Desde quando você não sente o bebê se mexer?

—Realmente, eu nunca senti mexer. —Eu respondi, depois de pensar por um momento.

—E esse cheiro estranho, há quanto tempo você sente? —Me perguntou outra vez.

—Não sei, alguns dias. Há algum problema com o meu bebê? —Perguntei muito alarmada.

Ela olhou para mim com muita seriedade e disse:

—Lamento muito, mas o seu bebê morreu há vários dias. Nas minhas contas e de acordo com o tamanho do feto, ele está morto há pelo menos um mês.

—Não! —gritei. —Isso não pode ser verdade. Me diga que é um erro, isso não é possível. No ultrassom do quarto mês, eu o vi se mexer. É um erro.

Não conseguia parar de chorar e gritar de dor. Não podia ser verdade; devia ser um erro. Os meus gritos podiam ser ouvidos em toda a sala. As enfermeiras chamaram Fernando para tentar me consolar. Ele entrou e me abraçou. Choramos inconsolavelmente. Ele tentou falar, mas as palavras não saíram de sua boca, enquanto numa sala ao lado, uma enfermeira cuidava de Camila que não entendia o que estava acontecendo.

—O que aconteceu, Marina? Como é que isso é possível?

Eu continuei chorando enquanto negava a realidade que me destruía mais uma vez. Fiquei totalmente destroçada. Depois de quinze minutos, os médicos entraram pela porta e, com um semblante sério, um deles começou a falar.

—Temos de causar trabalho de parto imediatamente. A sua vida está em risco mortal. O feto está apodrecendo dentro de você e, se a infecção passar para o sangue, você também morrerá. Você precisa receber assistência médica imediatamente. Vamos causar o parto com alguns óvulos que vamos introduzir na sua vagina para causar a dilatação e as contrações típicas de um parto natural. É um processo longo e doloroso, mas é a única maneira. Você deve ser forte e agüentar.

Então, eles nos separaram, eu disse adeus a Fernando e à minha filha. Me colocaram numa maca e fomos para o andar de entregas do hospital. Havia todas as mulheres que iam dar à luz aos seus bebês, todos eles vivos, eu era a única naquela situação terrível, com um bebê morto dentro da minha barriga. O tratamento começou imediatamente. Eles colocaram os óvulos abortivos dentro da minha vagina e cada um deles deveria ser colocado a cada quatro horas junto com o respectivo soro intravenoso. O primeiro óvulo que eles colocaram era uma tortura. Me sentei na cadeira ginecológica e a enfermeira então usou um espéculo para abrir a minha vagina, a médica introduziu a mão, em seguida, dei um grito intenso de dor.

—Relaxe, não contraia o abdômen ou vai ser pior. Vai doer mais. Seja forte. Espera, estamos quase acabando. —Disse ela para tentar me acalmar.

Eu fiquei parada enquanto ela continuava empurrando o óvulo para dentro da minha vagina. Lágrimas caíram dos meus olhos enquanto eu agarrava firmemente os lados da maca para encontrar forças para suportar. A dor era terrível, eu sentia que ia desmaiar a qualquer momento, mas não desmaiei. Sem me mexer, eu tentei agüentar enquanto ela terminava. Tive que passar pela mesma coisa mais cinco vezes. As dores do parto começaram depois do terceiro óvulo. Me arrastei e me contorci chorando pela sala, tinha sido aconselhada a caminhar para acelerar o processo de parto, eu o fiz, apesar da dor insuportável que sentia. A cada passo que eu dava, esperava que fosse o último daquele terrível pesadelo.

Ao cair da noite, os médicos vieram me fazer uma visita.

—Você está quase no fim do processo, seja corajosa. Se você tiver vontade de ir ao banheiro durante a noite, ponha este balde perto de você, você pode usá-lo para fazer suas necessidades.

Eles saíram da sala e eu fiquei sozinha novamente. A voz na minha cabeça era a minha única companhia. Me apoiava dizendo que tudo ficaria bem. No meio da manhã, uma dor forte no meu abdômen me acordou, eu queria ir ao banheiro. Rastejei para chegar ao balde, como me instruíram. Posicionei o balde e, alguns segundos depois, algo saiu de mim, caindo dentro do balde com um golpe seco. Olhei para baixo, instintivamente. A imagem que eu vi era macabra. Um corpo pequeno estava inerte dentro do balde. Tinha pernas e braços finos e uma pequena cabeça com olhos e nariz já formados. Estava cheio de veias e ensangüentado. Cheirava mal, como algo podre. Aquela imagem acabou me assustando e comecei a gritar:

—Enfermeira, por favor! Socorro!

Eles vieram correndo com uma maca.

—Não olhe, não olhe! —disseram enquanto me deitavam no sofá para me levarem para a sala de operações.

Eu estava assustada. Chorei enquanto pensava na minha pequena Camila e no que aconteceria com ela se eu não estivesse mais lá. Ao entrar na sala de cirurgia, senti um verdadeiro pânico, como se fossem os últimos momentos da minha vida. Já na mesa de operações, o anestesista me perguntou sobre meu peso e altura, acho que era para calcular a quantidade de anestesia que ele deveria aplicar. Eu respondi, enquanto ele, em voz baixa, me pedia para me acalmar, que tudo iria dar certo. Minutos depois, ele me pediu para contar em ordem decrescente enquanto ele colocava uma máscara no meu rosto. Depois, tudo ficou escuro. Uma escuridão profunda, sem saída, um labirinto sem nome, uma casa cheia de espelhos sem reflexos, uma vida que não existia, uma série de momentos eternos que se desvaneciam sem fim.

Quando acordei, senti uma dor aguda na minha barriga. Eu estava de volta ao quarto. A minha garganta estava seca e eu estava morrendo de sede. Pedi um copo, mas só o pude beber depois do efeito total da anestesia. Senti o sangue fresco a fluir nas minhas entranhas.

Fernando chegou uma hora depois para me visitar. Ele pegou minha mão e, entre soluços, perguntou:

—Como estás, meu amor?

Voltei a chorar. Não consegui articular nenhuma palavra, só chorei. Ele me beijou e sentou ao meu lado por um tempo. Ficamos sem palavras enquanto ele apertava as minhas mãos. Ele saiu após a hora da visita e eu estava novamente sozinha. O cansaço tinha me abatido e eu adormeci instantaneamente.

A médica veio me visitar na manhã seguinte:

—Como se sente esta manhã, Sra. Marina? — ela perguntou.

—Estou melhor. —disse eu, tentando parecer forte.

—Devíamos falar sobre um assunto importante. Eu sei que é difícil, mas quanto mais depressa tivermos claro, melhor.

—Sim, diga-me, por favor. O que é que aconteceu? —Perguntei sem forças.

—Você deve decidir o que você quer fazer com o corpo do seu bebê. Nós vamos estudá-lo para saber a causa da morte. Depois de fazermos o relatório, você quer enterrá-lo ou quer que cuidemos dos restos biológicos?

Não pensei que pudesse tomar essa decisão, por isso demorei alguns minutos para responder.

—Prefiro que vocês cuidem disso; não tenho mais forças para fazer isso. Um funeral e um enterro seriam demais para mim. Eu não posso mais. —disse entre soluços.

—Será feito. —Concluiu a médica, enquanto saía pela porta me deixando sozinha com a minha dor.

Pedi alta voluntária dois dias depois porque queria ir para casa, onde a minha menina estava à minha espera. Fernando veio me buscar. Ele foi para casa sem falar nada. Não havia nada que ele pudesse dizer para me consolar. Fiquei dias na cama, chorando inconsolavelmente, até meus olhos inchados e vermelhos secarem. Mal conseguia levantar para tomar conta da minha filha. Eu não comia. Passei cinco dias sem comer. Fernando trazia a comida na cama, mas era em vão. Pensei que ia morrer de tristeza. Josefa nunca me ligou ou veio me visitar, assim como a qualquer membro da família dela. Eles ignoraram completamente a situação, me deixando à minha sorte.

A minha mãe veio de Madrid para cuidar de mim e para tentar ajudar o Fernando nas tarefas domésticas. Ele ainda estava ao meu lado. Apesar das discussões, no final do dia nos abraçávamos em lágrimas e, mais tarde, fazíamos amor.

Um dia, depois de visitar sua mãe, o olhar de Fernando voltou diferente. Perguntei o que havia de errado com ele e ele respondeu indiferente, dizendo que talvez fosse melhor assim, pois não tínhamos condições de cuidar de outra criança, especialmente se ele parasse de trabalhar; teria sido um fardo. Uma onda de raiva intensa invadiu meu corpo e eu comecei a gritar:

—Melhor para quem? Para você? Para a sua mãe? Que tipo de monstro fica aliviado com a morte de um bebê? O meu filho merecia viver mil vezes mais do que qualquer outro.

Fernando me pegou pelas mãos e então brigamos entre gritos histéricos. Não tinha como ele me conter.

—Você é um covarde, um merda, um filhinho da mamãe. A tua mãe não te ama da mesma forma que não ama ninguém, é uma harpia controladora. Ela apenas controla todos vocês, não veem isso? Ninguém na tua família fala conosco ou nos recebe em casa e isso é porque ela os pressiona. Ela é uma ditadora e vocês obedecem sem questionar. Sabe porque é que ela não me ama? Porque eu vim para quebrar esse mundo de domínio onde vocês foram todos manipulados por ela como marionetes.

Fernando ficou em lágrimas e saiu da sala. Corri até ele e pedi desculpas.

—Me perdoa, amor. Eu não queria dizer isso, perdoa-me por favor.

Tristes e abatidos, sem mais forças para discutir, nos deitamos para dormir, estávamos exaustos.

Desde esse momento, começou a fase mais negra da minha vida. Dentro da depressão mais profunda, os demônios do passado ganharam vida mais forte do que nunca e eu passava meus dias com raiva. A raiva era o único sentimento que dominava a minha mente. O meu mundo tinha desabado, eu não podia e nem aceitava a perda do meu filho; me sentia doente, confusa e cansada o tempo todo.

Meu médico prescreveu vários exames, mas os resultados eram sempre negativos, não houve nada físico, concluiu o médico.

—Marina, o que você tem é uma grande depressão e você deve procurar ajuda profissional. Eu não posso fazer muito mais. Vou encaminhá-la ao psiquiatra para avaliar o seu caso.

Saí do escritório com uma marcação para o gabinete psiquiátrico, mas nunca fui. Fiquei aterrorizada com o fato de que eles pudessem descobrir o que eu tinha feito há anos atrás, meu passado de estupros e assassinatos, que me envergonhava tanto. Era o meu segredo mais profundo e eu não queria me expor ou ser descoberta, então, joguei a marcação no lixo e nunca mais voltei ao consultório do médico.

A cada dia eu ficava mais instável e com explosões de raiva, seguidas de um grande pesar. Eu culpava o Fernando por tudo o que aconteceu. Também reclamava da atitude tão incompressível que a família dele tinha comigo. Eu estava sempre sozinha e isolada, contando os minutos para vê-lo entrar pela porta. Eu não queria me separar porque, quando estava sozinha, os pensamentos obscuros geralmente me vinham à mente: minha infância, o abuso, a morte do meu pai, a perda do meu bebê e a imagem do seu pequeno corpo deformado me atormentavam dia e noite. Eu queria acabar com a minha vida. Mas esse pensamento era rapidamente expulso da minha cabeça. Eu tinha a Camila, minha filhinha. Comecei a falar com a Beatriz novamente. Passei tanto tempo sozinha que ela apareceu na escuridão do meu subconsciente para me confortar. Estávamos novamente juntas, como nos velhos tempos.

À noite, tinha pesadelos nos quais o sangue jorrava e cobria toda a sala e todo o meu corpo, da cabeça aos pés. Em todos os meus sonhos eu tinha uma faca nas mãos, com a qual apunhalava o corpo do meu pai. Acordava gritando, suando e com o coração acelerado, pedindo por ajuda. Fernando estava sempre lá para me pegar em seus braços e tentar me acalmar.

—Tudo vai ficar bem, é só um pesadelo. Acabou. —Dizia ele enquanto eu continuava tremendo de medo.

—Com o quê você estava sonhando? —ele me perguntava preocupado.

—Não importa, esquece. Não vale a pena falar sobre isso. —Eu respondia.

Eu não ousava contar a verdade sobre o meu passado, tinha medo de que Fernando fugisse de mim horrorizado.

Um ano se passou na mesma situação. Os pesadelos eram uma parte constante da nossa vida quotidiana e os momentos felizes eram intercalados com os de desespero. Brigas e gritos eram comuns, seguidos de momentos de paixão e sexo desenfreado. A ligação entre nós ainda estava viva e os nossos corpos estavam à procura um do outro. A nossa vida era um céu e um inferno todos os dias. Muitas vezes, eu queria contar o que tinha acontecido comigo. Eu costumava observá-lo enquanto comíamos à mesa. Às vezes eu tinha as palavras na ponta da língua, mas nunca ousava dizê-las. Eu tinha um medo forte de ser rejeitada com a possibilidade de ele me ver como uma mulher suja, marcada e usada.

...

Era junho. Numa tarde, Fernando chegou em casa com o semblante triste. Visivelmente preocupado, ele disse:

—Fui despedido; em quinze dias tenho de deixar de trabalhar no hotel. Eles preferem me expulsar em vez de me fazerem um contrato.

Parecia como se o mundo tivesse caído sobre ele. Ele vagueava pela casa nervoso.

—Nós vamos encontrar a solução, querido. — Eu disse. —Você vai ver.

A busca por emprego começou, enviamos currículos para todos os hotéis dentro e fora de Portugal. Dias depois, ele foi chamado por um hotel em Valência, uma bela cidade no leste da Espanha, ensolarada e com praias quentes. Nos dias seguintes começamos a arrumar as coisas e a nos preparar para a mudança. Ficamos muito felizes. Uma mudança seria espetacular. A garota adoraria Valência, poderíamos ir à praia depois do trabalho, caminhar pela orla marítima e ver o pôr-do-sol.

Fizemos as malas e seguimos para a Espanha. Já era julho e a menina também tinha terminado a escola; seriam as férias dos sonhos para ela. Chegamos em Valência no meio do verão. A temperatura era de cerca de trinta graus e nossa nova casa era aconchegante em uma área idílica e tranqüila da cidade.

Nós íamos à praia todas as tardes. Camila entrava na água com Fernando e eles passavam o dia todo brincando como duas crianças enquanto eu os observava da praia. O meu coração estava cheio de felicidade. Eu estava feliz porque a minha filha tinha o pai que eu nunca tive. Não conseguia parar de pensar em tudo o que ele me fez passar: os espancamentos, os insultos e as terríveis violações da minha infância. Preferia imaginar que tudo isso tinha acontecido com outra pessoa em vez de mim.

A depressão começou a desaparecer e eu comecei a sorrir novamente. Eu estava caminhando ao longo da costa e tomando banhos nas águas quentes do Mediterrâneo. O verão passou, de modo que o mês setembro chegou e Camila voltou para a escola. A nossa vida era perfeita. A felicidade tinha sido estabelecida. Eu costumava caminhar de mãos dadas com Fernando pelas ruas da cidade. Gostávamos de comer a típica *paella* valenciana à beira-mar e, à tarde, íamos juntos ao mesmo ginásio onde Camila tinha começado as suas aulas de natação.

Quando chegou dezembro, o Natal fez Fernando feliz. Estava tudo correndo muito bem. Nós tínhamos uma vida simples, longe da influência de Josefa.

—Marina, você é tão bonita. —disse ele enquanto nos abraçávamos no sofá, olhando para mim com amor.

Ao acariciar o seu cabelo negro, senti um calor intenso tomar conta do meu corpo. Eu o beijei apaixonadamente e, no sofá, subi em cima dele para fazer amor. Uma noite, no início de dezembro, Fernando foi trabalhar, como sempre. Ele fazia o turno da noite na recepção do hotel onde ele trabalhava. Depois do jantar, retirei a louça e passei a ferro na camisa branca que ele deveria usar naquela noite. Por volta das onze horas, ele se vestiu para sair e se despediu com um beijo na minha testa:

—Eu te amo. Te vejo amanhã, meu amor. Eu te ligo quando chegar ao hotel.

Dez minutos depois, ele ligou.

—Estou no trabalho. Te amo, Marina. Dorme bem. Beijos.

Eu me deitei para dormir na nossa cama. Camila, no quarto ao lado, também dormia tranqüilamente.

Quando acordei, vi que Fernando não tinha chegado. Achei estranho, porque a hora que ele costumava aparecer já tinha passado. Depois, meu telefone vibrou e eu recebi uma mensagem dele.

«Marina, quando você ler esta mensagem eu estarei longe, a caminho de uma nova vida. Eu deixei dinheiro para você e para a menina, tudo o que eu tinha, não quero que você perca nada. Me perdoa, e por favor, não me odeie pelo que fiz, mas não posso mais. Quero fazer minha vida longe, quero viver sozinho e sinto que do seu lado me faltam muitas coisas, você é o amor da minha vida, mas preciso fazer isso. Por favor, não chore, não mereço as suas lágrimas, quero que você seja feliz, e, talvez um dia mais tarde, a gente volte a se falar, eu te amo. »

O meu coração gelou e eu gritei:

—Não! Não, Fernando! Não faça isso comigo, por favor!

Estava claro que minhas palavras queriam chegar até ele, mas naquele momento, ele já estava longe de mim. Eu tentava ligar, mas telefone dele estava sempre desligado. Mandei mensagens repetidamente, mas não obtive resposta. A minha filha despertou e me viu chorar no chão.

—O que aconteceu, mãe? O que é que se passa contigo? —ela perguntou alarmada.

Não consegui articular nenhuma palavra, só chorei de coração partido. Ela tentou me tirar do chão enquanto perguntava novamente:

—O que aconteceu, mãe? Onde está o meu pai?

—O papai se foi, meu amor. —Eu respondi.

—O que você disse? —ela perguntou surpreendida. A sua pequena cara se encharcou em lágrimas: —Mãe, isso não é possível. Por que meu pai não gosta mais de mim? —perguntou ela, chorando. —O que eu fiz para ele parar de me amar, mãe?

Quando ouvi essas palavras, o meu coração encolheu ainda mais. Eu a abracei e choramos juntas

—Não, Camila, você não fez nada, meu amor. O papai te ama muito. Tudo vai se resolver, você vai ver.

"As paixões são os ventos que envolvem as velas dos navios, eles nos fazem naufragar às vezes, mas sem isso, eles não poderiam seguir."
Voltaire

CAPÍTULO IV

Liguei para a minha mãe e, dias depois, ela veio com um amigo me buscar. Voltamos para Madrid, mas os últimos dias escureceram a minha memória. Passava horas deitada, olhando para o teto sem falar, sem comer, sem dormir. A minha mãe me abraçava, me pedindo para sair da cama.

—Marina, você precisa ser forte, parar de sofrer. Você tem de reagir, você tem a Camila.

A minha filha estava do meu lado e me abraçou. As lágrimas brotaram dos meus olhos; no entanto, não pude evitar que o mundo se desmoronasse sob os meus pés. Eu estava à espera de um chamado ou de um sinal dele. Escrevi vários e-mails pedindo para me dizer algo, para não me deixar assim sem dizer nada, mas não recebi nenhuma resposta. Ele só me respondeu depois de vinte dias.

Começamos a falar através de mensagens e, depois de alguns dias, ele me ligou novamente. Quando ouvi a voz dele, o meu coração quase parou. Tentando conter as lágrimas, eu perguntei:

— Qual a razão, Fernando?

Ele só chorava e repetia que me amava. Ele disse que isso só tinha acontecido porque estava sobrecarregado com toda a situação estressante entre ele e sua família. Pouco a pouco voltamos a conversar. Nessas conversas, ele me disse que estava no Porto. Disse que os seus pais foram buscá-lo naquela noite e que ele estava com eles.

Eu só queria tê-lo de volta. O sentimento que nos uniu ainda era forte e vivo dentro de nós. Decidi ir ao Porto para o ver, então, peguei o carro e fui a Portugal. O caminho que tinha feito da primeira vez estava me levando para recuperar o meu amor perdido.

Cheguei ao final da tarde e, já no hotel, liguei pra o telefone dele.

— Estou aqui, quer me ver? — perguntei em voz baixa, tentando articular as palavras.

— Sim, eu vou. Me dá só vinte minutos e eu estarei contigo. — Ele respondeu do outro lado da linha telefônica.

Foram os vinte minutos mais longos da minha vida. Quando alguém bateu na porta, era ele. Olhamos um para o outro e eu me atirei nos seus braços. Só chorávamos. Passamos alguns minutos na porta sem conseguir nos mexer.

—Me perdoa, me perdoa. —Ele repetia chorando.

—Meu amor, me perdoa também. —Eu respondi enquanto continuávamos chorando.

Nos sentamos na cama e começamos a conversar. Ele explicou que estava sobrecarregado com a situação com seus pais e foi a única maneira que encontrou para se afastar de mim.

—Eu não suportaria olhar nos seus olhos e dizer que iria embora. —disse ele.

Pedi que me perdoasse os maus momentos, as brigas e os ataques de raiva. Eu também estava muito mal por causa da depressão e, talvez, eu não tivesse percebido o quanto ele estava sofrendo. Conversamos por um bom tempo de mãos dadas. Depois, aconteceu: um beijo cheio de paixão. A partir daquele momento não podíamos parar. Tiramos a roupa com uma fome voraz enquanto o nosso corpo ardia. Senti a minha vagina molhada e um tremor lento percorreu todo o meu corpo. Ele me penetrou com aquele pênis quente como ferro derretido. Eu gritei numa mistura de dor e prazer intenso. Inclinei minha cabeça para trás e me deitei na cama enquanto ele me possuía uma e outra vez, como no início da nossa relação. Era como se estivéssemos fazendo isso pela primeira vez.

Entramos no chuveiro e a água quente caiu sobre os nossos corpos molhados. Eu me virei de costas e levantei meu rabo. Ele meteu por trás enquanto eu me agarrava firmemente à cabine do banheiro para não cair. Tive um orgasmo intenso enquanto ele agarrava o meu cabelo. Logo depois, ele me abraçou e beijou meu pescoço.

—Eu te amo, Marina. —Ele sussurrou no meu ouvido.

Saímos do chuveiro e fomos para a cama nus, para conversar como nos velhos tempos. Era como voltar àquela tarde no hotel em *Guimarães*, onde tudo tinha começado. Estávamos novamente juntos. Voltamos para Madrid, mas não antes de enfrentar uma discussão monumental com a sua mãe. Mas eu estava determinada. Íamos tentar de novo e desta vez tudo seria melhor.

A procura de emprego, as entrevistas e esperas recomeçaram. Fernando passava horas em frente ao computador enviando currículos para todos os hotéis que solicitavam pessoal. Estávamos esperançosos e ansiosos para recomeçar tudo de novo. Passamos um mês procurando, até que finalmente chegou uma oferta de um hotel na costa de *Alicante*, em uma pequena e paradisíaca cidade chamada *Calpe*. Paradoxalmente, era a poucos quilômetros da cidade onde eu costumava passar o verão com a minha família e onde a minha primeira violação tinha ocorrido.

A entrevista foi um sucesso, ele rapidamente conseguiu a vaga. Então, fomos para *Alicante*, felizes e brincando o caminho todo. Estávamos ansiosos para ver onde iríamos viver, o cheiro do mar nos encantava. Foi um prazer dirigir ao lado do mar azul turquesa, sentindo a brisa batendo em nossos rostos. Foi a viagem mais feliz; sempre me lembrarei. As cidades costeiras eram lindas. Paramos para comer em um lugar chamado *Altea*. Tinha uma cidade antiga com ruas calcetadas e casas pintadas de branco que se assemelhavam a um estilo helênico. Havia pequenas praças com árvores frondosas e flores. O lugar perfeito para os amantes. No topo da cidade, na praça principal, havia uma igreja românica e um mirante de onde se podia admirar as águas quentes do Mar Mediterrâneo.

—Eu te amo, Fernando. Eu sempre te amarei. —exclamei, entusiasmada pelo momento. Ele me pegou nos seus braços enquanto olhava nos meus olhos.

—Você é a mulher da minha vida, nunca mais vou te deixar, prometo. Eu não saberia viver sem você. Quando nos separamos foi um verdadeiro martírio, não quero voltar a passar por algo assim.

Nós nos beijamos, selando nossas promessas de amor.

Retomamos o caminho e chegamos a *Calpe*, a nossa nova casa. Entramos na pequena cidade, uma típica cidade de verão da costa espanhola, com palmeiras e uma grande avenida à beira-mar, com dois trechos de belas praias do leste e do oeste separados por uma formação rochosa muito característica chamada Pedra de *Ifach*. A mais pura felicidade nos invadiu e olhávamos um para o outro com entusiasmo.

—Eu adoro este lugar, é um paraíso. —Ele disse sorrindo.

Encontramos um pequeno apartamento numa urbanização na periferia. A nossa vida era perfeita. Procurei trabalho em um restaurante enquanto Fernando fazia o turno da noite como auditor noturno no hotel. Quando minha filha chegou à cidade no início de julho, depois de terminar a escola, a felicidade ficou maior. A nossa vida era simples, sem grandes luxos, mas tínhamos o mais importante, um ao outro e um paraíso para viver o nosso amor. Passávamos as tardes no mar, tomando longos banhos quentes nas águas do Mediterrâneo. Minha menina estava feliz com seus pais novamente. Juntos à noite, caminhávamos à beira-mar sob o luar. Durante os seus dias de folga, nos divertíamos saindo para dançar numa discoteca perto do mar. Dançávamos ritmos latinos, corpo a corpo e depois regressávamos a casa para fazer amor apaixonadamente. O verão tinha acabado e, no final de agosto, uma notícia abalou nossas vidas novamente. Eu estava grávida de novo. A felicidade me dominou e eu corri para contar a ele. Ele tinha acabado de se levantar depois de uma noite de trabalho. Eu preparei algo para comer e disse sorrindo:

—Tenho novidades para te dar. Eu estou grávida!

A cara dele não se iluminou como da outra vez. Não pude evitar ser surpreendido, por isso perguntei:

—O que aconteceu, amor? Isso não te deixa feliz? Nós vamos ter um bebê!

Ele olhou para mim impassivelmente, depois respondeu:

—Marina, tenho uma coisa para te dizer. Não estou bem e não tenho a mesma sensação que antes.

Eu fiquei paralisada. As minhas pernas tremeram e tive de me sentar.

—Não é possível, Fernando. Há dois meses atrás, você prometeu que nunca me deixaria. Você disse que eu era a mulher da sua vida, porque você me enganou? —perguntei entre soluços.

Ele se arrependeu instantaneamente do que tinha dito:

—Estou sobrecarregado, Marina. São muitas responsabilidades, mas você sabe que eu te amo.

Ele foi trabalhar naquela noite e, na manhã seguinte, desapareceu novamente, desta vez deixando outra carta de despedida.

Tive de voltar para Madrid, para os braços da minha mãe. Dias depois, tomei uma decisão terrível. Me custou horas e horas de lágrimas, mas eu não tinha outra saída, não ia ter o bebê, por isso, fui a uma clínica de aborto. Eu não queria ser julgada, por isso não disse nada a ninguém. Fui sozinha novamente para aquele quarto infernal e, depois de acordar da anestesia, o bebê tinha desaparecido. Uma dor aguda na minha barriga e muito sangue. Fui para casa e tentei agir normalmente para que minha mãe não suspeitasse de nada do que tinha acontecido. Ela estava ficando farta das idas e vindas entre mim e Fernando, colocando minha filha no meio de tudo.

—Eu te avisei desde o primeiro dia em que vi aquele rapaz. Ele não era um homem para você. —Repetiu ela.

—Você nunca me escuta, agora olha pra você. Você tem trinta e quatro anos A sua vida é um caos. Você deixou a sua carreira profissional e a sua vida para viver a vida de um homem que não sabe o que quer. Por favor, pare, Marina, concentre-se em você e na sua filha.

Ela estava certa. Eu me sentia a pior mãe do mundo. Três longos meses se passaram e ele nunca ligou. Não havia mensagem nem resposta aos meus e-mails, nada. Estava claro que Fernando não queria mais ouvir falar de mim. Mas eu não tinha desistido, eu queria vê-lo, eu queria olhar nos olhos dele e perguntar o porquê de tudo isso. Eu não podia deixá-lo ir. O meu coração pertencia a ele e nenhum outro homem me atraía. Eu pensava nele dia e noite. Perdi 10 quilos e não conseguia nem beliscar nada, só tinha o amor da minha filha para me manter viva e me impedir de fazer qualquer loucura.

...

Meses depois, eu finalmente soube onde ele estava. Ele tinha ido para Luxemburgo, um pequeno país do norte da Europa que faz fronteira com Alemanha, França e Bélgica. Por vezes, ele tinha me falado daquele lugar, as irmãs da sua mãe viviam lá. Fernando desejava a vida de luxo de seus primos luxemburgueses, ele contava sobre o verão que eles foram para Portugal com seus carros de luxo e suas carteiras cheias de dinheiro. Na família de Fernando, o dinheiro era uma questão muito importante, ele tinha sido educado na crença de que isso era o principal para alcançar felicidade, estabilidade e sucesso. Eu decidi ir procurá-lo e enfrentá-lo. Ele tinha que me ouvir e me dar uma explicação.

Dias depois, fui a Luxemburgo. O avião aterrissou no aeroporto, numa manhã fria. Era 5 de novembro. Quando saí pela porta, senti um vento frio e havia várias camadas de neve no chão. Eu tinha conseguido alugar um quarto em Luxemburgo, numa zona chamada *Merl*. Fui para lá diretamente do aeroporto. Queria ir para casa e, enquanto andava no ônibus, pensei que tudo o que eu estava fazendo era um absurdo. Na rua, estavam cinco graus abaixo de zero.

Na manhã seguinte, fui dar um passeio pelas ruas do centro, mas o frio intenso me obrigou a entrar numa cafeteria. Me sentei pensativa. —O que devo fazer agora? —perguntei a mim mesma. Eu precisava de um emprego. Na mesa ao lado, estava uma menina sentada, no telefone, ouvi ela falando em espanhol e uma grande alegria me invadiu, finalmente alguém da minha terra.

—Você é espanhola? —perguntei.

—Sim, eu sou de Santander. Meu nome é Amanda, prazer em conhecê-la! —ela disse sorridente.

—Menos mal, que alegria. Alguém da minha terra. Eu sou de Madrid. O meu nome é Marina, prazer em conhecê-la, de verdade.

Ela sorriu afavelmente. Passamos a tarde inteira conversando animadamente. Eu lhe contei o que tinha acontecido. Ela escutou atentamente em silêncio, até que finalmente ela respondeu:

—Olha, eu estou aqui há mais de um ano, tenha cuidado. Você é bala de canhão. Você é nova e os imigrantes que estão aqui há mais tempo ficaram ricos e exploram os recém-chegados. Este é um país para ganhar dinheiro e isso é a única coisa que lhes interessa. Eu trabalho num restaurante italiano em *Hollerich*. Se quiser, venha amanhã. Vou falar com o gerente porque acho que eles precisam de uma empregada.

—Mas não tenho experiência como garçonete. —disse eu.

—Não importa, querida. —Ela respondeu. —Você vai trabalhar comigo e eu vou te ajudar. Eu vou te ensinar tudo sobre o trabalho. Não vou deixar uma compatriota passar por maus bocados aqui.

Dissemos adeus e voltei para casa feliz. Eu tinha encontrado uma nova amiga.

Durante a manhã seguinte, peguei o ônibus para ir ao restaurante. Desci do ônibus na parada e caminhei alguns metros em silêncio. Senti uma voz atrás de mim me chamando:

—Marina.

O meu coração quase saiu pela boca. Era a voz de Fernando. Me virei lentamente e lá estava ele, de frente para mim, com um ar de surpresa.

—O que você está fazendo aqui? —ele perguntou.

Eu não consegui articular as palavras. Eu olhei para ele sem dar crédito ao que estava acontecendo. A vida tinha nos reunido naquele preciso momento e no mesmo lugar. Quais eram as hipóteses de isto acontecer? Imaginei esse encontro tantas vezes na minha cabeça, mas nesse preciso momento, eu não sabia o que dizer.

—Eu vou a uma entrevista de emprego num restaurante próximo. —Respondi, tentando manter a calma. No entanto, foi em vão, imediatamente comecei a chorar.

O Fernando me abraçou e disse:

—Por favor, não chora, não chora... —ele repetiu. —Me perdoa, Marina.

—Por que você me deixou grávida do nosso filho? Você me prometeu que nunca mais me abandonaria e eu acreditei em você.

Ficamos mais de meia hora sob a neve e o frio gelado. As minhas mãos e o meu rosto começaram a congelar.

—Vamos a um bar, você está congelando, Marina. —Ele disse enquanto me ajudava a me levantar.

Caminhamos até ao bar mais próximo, que parecia ser português. Lá pedimos um café bem quente. Eu pus as mãos em volta da xícara para aquecê-las e ficamos olhando um para o outro. Fernando começou a falar com uma voz baixa e agitada.

—Não sei o que se passa comigo, Marina. Eu te amo tanto... Todo esse tempo longe de você só me fez sofrer, não sei por quê fiz o que fiz. Me perdoa. —disse ele enquanto as lágrimas lhe caíam pelas bochechas.

Com os nervos congelados pelo frio, não conseguíamos pronunciar nenhuma palavra. Apenas chorávamos e nos olhávamos, passamos a tarde toda lá, até anoitecer.

—Eu te levo pra casa, vamos com calma, quero que você fique bem. —disse ele.

Pegamos o ônibus em direção a *Merl*. Durante a viagem, trocamos telefones, concordando em ligar um para o outro novamente. Aquela noite foi longa, não consegui dormir. Passei a noite inteira chorando. Eu tinha passado tanto tempo desejando encontrá-lo! Mas nunca imaginei que fosse da forma como aconteceu. Toda raiva que sentia pelo abandono e humilhação tinha desaparecido enquanto contemplava o seu rosto enquanto ele chorava. Eu queria abraçá-lo com força para nunca mais me separar dele.

Com o passar dos dias, comecei a trabalhar no restaurante italiano com a Amanda. Ela foi minha professora, me ensinou tudo que ela sabia. Aprendi a trabalhar no restaurante pouco a pouco e logo nos tornamos amigas íntimas. Contei o que aconteceu e a minha história com o Fernando. Amanda era uma mulher experiente e não gostou do que eu lhe contei.

—Se afaste desse homem. —disse ela. —Ele vai te fazer sofrer outra vez, presta atenção em mim.

Ouvi sem dizer uma palavra. Mas era impossível seguir o conselho dela, o meu coração falava mais alto. Fernando sempre vinha me ver no trabalho, mandava mensagens e começamos a nos encontrar e conversar. Bebíamos café juntos e aos poucos voltamos a ser íntimos. Uma tarde fomos a um pequeno *café* português e ele me deu um beijo na testa que passou para um mais apaixonado nos lábios. O inevitável aconteceu. Fomos para minha casa e fizemos amor. Ele me tomou nos seus braços fortes e me jogou na cama. Tirou minhas calças e me encheu de desejo, se derramando sobre mim, me penetrando com força enquanto eu gritava, sentindo todo o meu corpo preenchido. Tudo recomeçou e durante meses vivemos naquele delírio de amor, cheio de desejo e luxúria.

As pessoas que nos conheciam ficavam surpreendidas com a grande cumplicidade que tínhamos. Eles nunca tinham visto um casal tão feliz. Nós nos ligávamos o tempo todo, trocando mensagens de amor apaixonadas. «Minha rainha, eu te amo muito, você é o amor da minha vida. Como vai, minha princesa? Não consigo parar de pensar em você...» eram as mensagens que ele costumava me enviar.

As minhas respostas eram semelhantes. Contávamos os minutos para chegar em casa e nos encontrarmos novamente, sentar na cozinha e conversar, beber um copo de vinho e depois dormir depois de fazer amor toda noite.

Depois de um tempo, Fernando decidiu viajar para Portugal para visitar seus pais por uma semana. Não gostei da ideia, porque sabia o que aconteceria se ele lhes dissesse que estávamos de novo juntos. Eu temia a reação da mãe dele e o controle que ela exercia sobre ele.

O dia chegou e ele partiu para Portugal. Eu fiquei sozinha e zangada, então decidi ir até a casa da Amanda para me distrair. Nos sentamos na sala de estar e ela me disse:

—Marina, não é da minha conta, mas acho que esta história não vai acabar bem para você. Você merece algo melhor, amiga. Se olha no espelho: você é bonita e cada vez que entra num lugar as pessoas olham para você. Você podia encontrar alguém melhor. Você precisa de estabilidade. Você quer isso para a sua filha? Eu venho observando esse homem e ele não sabe o que quer, é imaturo, instável e quer o mais fácil. Ele foge quando as coisas se complicam. Se você reparar e abrir os olhos, vai sofrer novamente. Desculpe lhe dizer, mas é isso que eu vejo.

Ela estava certa. Quando Fernando voltasse, eu terminaria a nossa relação. Eu estava decidida. Uma semana depois, ele voltou de Portugal e eu fui encontrá-lo no aeroporto. Ele ficou contente por me ver e me deu um beijo fervoroso. Olhei para ele com ar de tristeza e disse:

—Temos que conversar.

Surpreendido, ele olhou para mim.

—O que aconteceu, Marina?

Voltamos para casa sem dizer uma palavra. Quando chegamos, pedi para que ele se sentasse no sofá e comecei a falar calmamente.

—Eu tenho pensado em nós, eu te amo demais e sempre te amarei. Você sabe disso, mas não posso continuar vivendo essa vida de tortura e instabilidade com você. Sua família nunca vai nos deixar viver o nosso amor e você sabe disso. Vamos ter de deixar de estar juntos para o bem de nós dois. Tenho medo de sofrer novamente. Agora, quando fico sozinha, minha cabeça dá voltas às coisas que aconteceram e continuo me perguntando se você vai me deixar novamente. Estou muito infeliz ao teu lado, mas te amo tanto que não te posso deixar. Tenho que acabar com isso de uma vez por todas.

Ele se rompeu em lágrimas e se ajoelhou à minha frente, desesperado.

—Não, por favor, Marina, não me deixe. Você é o amor da minha vida e a única mulher para mim. Discuti com os meus pais e finalmente os enfrentei. Minha mãe me disse que eu deveria escolher entre ela e você e eu disse que eu não te deixaria, assim ela saberá o que fazer. Pela primeira vez, eu deixei as coisas claras, juro. Você não pode me deixar agora, não tenho dúvidas que quero passar o resto da minha vida com você.

Olhei nos olhos dele e hesitei. A minha decisão se desvaneceu. Mudei de ideia em segundos, depois de abracei-o com força.

—Ok, meu amor, ainda estamos juntos. Eu te amo e acredito em você. —Respondi.

Dentro de mim, uma voz continuava repetindo que eu não devia confiar nele. Que era apenas o começo. «Dias tristes virão para você, Marina.» No entanto, continuamos com a nossa rotina diária. Cada um estava imerso no seu próprio trabalho. A vida monótona nos incomodava; começamos a sentir falta do que tínhamos perdido quando deixamos *Calpe*, por isso falávamos muitas vezes em voltar à Espanha. Recordávamos o mar turquesa de *Altea*, a imponente rocha de *Ifach* e as águas quentes onde tínhamos sido tão felizes. Visitávamos frequentemente a nossa filha em Madrid. Sim, a nossa, era assim que ele dizia. Ela ficava muito feliz cada vez que nos via. Além disso, a minha mãe estava preocupada com a mudança da menina pra Luxemburgo.

—Mãe, vou ter de aprender a falar francês? — ela costumava perguntar inocentemente.

Mostrei algumas palavras e ela ficava repetindo como num jogo, mas desta vez o Fernando não tinha a certeza se queria ficar em Luxemburgo. Ele dizia que sentia falta do sol e das praias da Espanha. Também dizia que valorizava a vida que tínhamos lá.

—Não estamos felizes aqui. —Ele me disse uma vez, numa tarde, sentado no sofá. —É um país frio, quase não temos amigos e a minha família que vive aqui nos virou as costas. Nada nos segura neste lugar. Eu sonhei muitos anos sobre estar aqui, mas agora, tudo se transformou em uma decepção. Éramos felizes na Espanha e eu nem percebi que só pensava em dinheiro, portanto, não quero que a garota sofra, quero que ela se sinta como se fosse do meu próprio sangue e devemos voltar à Espanha e viver a vida que tínhamos antes, começar tudo de novo.

—Você tem certeza? —perguntei. —Você sempre se preocupou com dinheiro e não quero que isso se transforme num problema entre nós. Não quero fazer nada precipitado.

— Você é feliz aqui? — ele perguntou.

— Se estou aqui, é por sua causa, estou feliz contigo, mas a minha vida é o mar.

Depois de uma longa conversa, decidimos voltar à Espanha, para o mesmo lugar onde tínhamos sido tão felizes há um ano atrás. Fernando começou a enviar novamente o seu currículo para os hotéis da costa espanhola com a esperança de que alguns se interessassem pela sua vasta experiência e pelos idiomas que dominava.

— Vai ser fácil, você vai ver. — disse ele entusiasmado.

Uma sensação estranha instalou-se no meu coração. Eu ainda não estava convencida.

A oportunidade chegou dois meses depois, em um hotel em *Alicante*. Voltamos com as mudanças. Enchemos o carro com as nossas coisas e fomos para a Espanha. Atravessamos a França inteira, descendo para o Mediterrâneo. A felicidade de estar novamente em casa nos invadiu. Enquanto conduzia, olhava para ele e começava a acariciar o seu cabelo. Ele me olhava de volta cheio de paixão. Eu sentia meu corpo tremer cada vez que Fernando me olhava daquela maneira. Passaram-se seis anos desde o primeiro olhar e continuava tendo o mesmo efeito em mim.

Chegamos a *Benisa*, uma aldeia entre as montanhas a apenas seis quilômetros de *Calpe*. A estrada era espetacular. Descemos por curvas sinuosas até chegar ao mar, enquanto contemplávamos aquela paisagem surreal. Lá longe, a rocha de *Ifach* se impunha e criava um espetáculo incrível. «Ninguém podia ser infeliz num lugar desses.» Pensei eu.

Chegamos à nossa nova casa, uma bela casa antiga pintada de branco e construída em pedra. Camila veio pouco tempo depois para completar a nossa felicidade. Éramos novamente uma família.

...

Não demorou muito até eu começar a notar Fernando diferente, pensativo, esquisito e distante.

—O que se passa contigo, você não está feliz? —Era isso que você queria, certo? Lhe perguntei numa tarde.

—Não se preocupe, é apenas stress do trabalho, nada mais. —Ele respondeu, se esquivando da conversa e depois me abraçando.

Eu sabia que algo estava errado, mas não disse mais nada. Naquela tarde, tudo mudou.

O som agudo das máquinas foi o primeiro barulho que ouvi quando acordei. Olhei à minha volta e descobri que estava deitada numa cama de hospital, incapaz de me mexer. As enfermeiras vieram com pressa para me ajudar e verificar os meus sinais vitais.

—Ela acordou. —Eles disseram.

—O que aconteceu? —perguntei.

Eu não entendia nada; deu um branco na minha cabeça. Confusa, tentei falar, mas não consegui articular nenhuma palavra.

—Onde está a menina? E o Fernando? Por que ele não está aqui?

Minha mãe chegou com Camila, mas Fernando não veio com eles.

—Mãe, mãe, como você está? Finalmente você acordou! —disse Camila com lágrimas de alegria.

Eu olhei para a minha mãe e com uma voz magra consegui perguntar:

—O que aconteceu, mãe? Por que estou aqui? Onde está o Fernando?

—Você teve um acidente que quase te custou a vida. Faz vinte dias que você está em coma aqui no hospital.

—Onde está Fernando? Ele está no trabalho?
—Perguntei novamente. —Deixa eu ligar pra ele,
por favor.

—Você precisa descansar agora, Marina.
Falamos sobre isto mais tarde. —disse ela ao sair
pela porta.

Minutos depois, vários médicos vieram e
começaram a me fazer algumas perguntas:

—Do que você se lembra exatamente sobre o
acidente?

—Nada, não sei por quê estou aqui. —
Respondi.

—Você teve um acidente grave há vinte dias.
Sofreu uma hemorragia interna e um grave
traumatismo craniano. Honestamente, não
pensávamos você sobreviveria. Você tem sido
muito forte e resistiu a várias intervenções, agora,
você tem de descansar.

—Mais alguém veio comigo no carro? —
perguntei. —Onde está Fernando?

—Não, senhora. Você estava viajando sozinha
na hora do acidente. A sua família vai lhe explicar
tudo.

—Qual é o meu problema? Por que não me
lembro de nada do que aconteceu? —perguntei
novamente.

—Você teve um ferimento grave na cabeça. Nestes casos, a perda temporária de memória é comum. Você vai recuperá-la dentro de alguns dias. Agora, tudo o que você tem de fazer é descansar. —Eles disseram quando saíram da sala.

Os dias seguintes passaram devagar. A mesma rotina de idas e vindas de médicos, testes e uma lenta recuperação. Minha mãe e minha filha me visitavam todos os dias, mas Fernando nunca apareceu. Quando eu perguntava, havia um silêncio desconfortável. Minha mãe estava se esquivando do problema.

—Filha, quando fui avisada do acidente, Fernando não estava mais aqui. —Eu não o vi, não sei nada sobre ele, ele não me contactou e o telefone dele está desligado. Até onde eu sei, nada de bom aconteceu.

Fernando tinha partido novamente e eu estava certa de que desta vez era para sempre. Saí do hospital numa manhã ensolarada, em cadeiras de rodas, incapaz de andar e cheia de dores. A minha mãe já tinha enviado as coisas para Madrid com a ajuda de alguns amigos, por isso voltamos para Madrid. Sozinha e confusa, eu estava procurando respostas. Minha filha voltou para a escola. Estávamos em setembro.

—É melhor não saber, Marina. Foi o melhor, acredita em mim. Aquele homem não merece uma única lágrima, nem um único pensamento.

Eu queria saber, eu precisava de saber para poder continuar com a minha vida.

Numa tarde, uma das minhas velhas amigas do tempo do jornal veio me visitar.

—Você se lembra dos tempos da escrita? Todos os camaradas perguntam o que aconteceu com você. Você era tão talentosa! Devia voltar.

—Não sei, talvez daqui a algum tempo... — respondi. —Agora tenho assuntos inacabados. Posso perguntar uma coisa?

—Pode falar. Se eu puder ajudá-la de alguma forma, conte comigo. —Ela respondeu.

—Você sabe, depois do acidente, eu não lembro o que aconteceu com Fernando ou porque ele não está mais conosco. Eu sei que deveria esquecer do assunto e seguir com a minha vida, mas eu preciso saber. Por favor, você sabe alguma coisa sobre o que aconteceu?

Ela ficou visivelmente desconfortável com a pergunta e, pelo jeito que ela respondeu, eu sabia que ela estava escondendo algo de mim.

—Eu sei muito pouco sobre o que aconteceu, Marina. Só sei que vocês discutiram e tiveram um acidente horrível por causa dele. Esquece isso. Aquele homem tem trazido dor para a sua vida há sete anos. Começa do zero. Você é jovem e bonita, olhe-se no espelho, você pode ter o rapaz que quiser. Por que você insiste em estar com alguém que só te despreza? A vida é para ser vivida com alegria, querida. Pare de correr atrás de uma fantasia e viva a realidade.

—Mas, para poder seguir em frente, tenho de saber o que aconteceu. Isso é assim tão difícil de entender? —respondi.

—Não posso te ajudar, Marina. Não há nada que eu possa fazer por ti. Você estava sozinha com ele e só você sabe o que aconteceu naquela tarde quando vocês caíram no barranco.

Meia hora depois, nos despedimos com um abraço e a promessa de voltar a nos ver em breve. Eu voltaria para o escritório da editora e trabalharíamos juntas novamente. Dois meses se passaram e eu fiquei na mesma rotina diária: a reabilitação e as visitas constantes ao hospital. Fernando nunca me ligou. No meu trigésimo quinto aniversário, acordei com uma surpresa. Minha filhinha veio na cama com um desenho que ela tinha feito para mim. Era uma paisagem linda. Acima de tudo, o sol brilhava e o mar azul turquesa se estendia por baixo. Na areia, éramos os três: a menina, Fernando e eu. Ela olhou para mim e perguntou com tristeza:

— Mãe, por que é que o pai não está aqui? *Tenho saudades dele.* — disse ela em perfeito português.

— A mamãe vai buscar o papai, meu amor. Vamos vê-lo outra vez, não se preocupe, mas pense nisso. Você tem a mim e a sua avó. Você é uma menina de sorte. Muita gente te ama e hoje é o aniversário da mamãe, por isso vamos nos divertir muito. Quer se vestir e dar um passeio até ao Planetário?

Vimos um filme sobre os planetas do sistema solar juntos. Foi o melhor dia em muito tempo.

Nos dias seguintes, tomei uma decisão que iria mudar a minha vida novamente. Eu queria voltar para Portugal, para a cidade onde já tinha vivido antes, Porto. Senti a necessidade de me reencontrar naquela cidade maravilhosa. Era o lugar perfeito. Pelo menos, era o que eu pensava pelos momentos felizes que vivi ali.

— Vou para Portugal novamente. — comentei com a minha mãe enquanto tomávamos o café da manhã juntas.

Ela olhou para cima, incrédula e exclamou:

—Quanto tempo, Marina, quanto tempo você vai se humilhar e rastejar por aquele homem que não vale nada? Você não consegue ver que em todos estes meses ele não apareceu, ele não quer saber de você ou da menina? Ele é um monstro, arruinou a sua vida e te colocou numa cama de hospital à beira da morte. Por favor, pare de fazer isso com você e com a gente. Ele sabe do seu acidente e ainda nem sequer te ligou ou apareceu para te ver. Isso não responde sua pergunta? — ela concluiu.

—Mãe, eu sei que você tem razão, mas não vou ao Porto para procurá-lo. Prometo, só quero voltar por uns dias para tentar organizar as minhas ideias e saber o que quero; não posso fazer isso aqui, presa na sua casa. Eu sei que é egoísmo, mas preciso de algum tempo para mim. Me ajude, por favor. Você precisa entender que eu não sou boa companhia para ninguém neste momento. Você não vê que passo os meus dias como uma alma triste, sem forças nem para sair da cama? Eu prometo que desta vez vou mudar. Também voltarei em breve para levar a minha filha para viver comigo de uma vez por todas.

Minha mãe me olhou resignada, como se carregasse um pesado fardo sobre seus ombros que ela não podia mais suportar.

—Está bem, filha. Eu não sei o que fiz de errado. Tentei te ajudar o máximo que pude porque sei que a vida não tem sido fácil pra você, mas esta é a última vez que eu vou fazer isso. Vá embora, mas quero que você decida sobre sua vida rapidamente e depois ponha um fim neste absurdo que já durou muito tempo.

Ela se levantou da mesa com a cara fechada. Me deixou sozinha, pensando em como minhas ações eram egoístas, de todos aqueles anos de tristeza e lágrimas que eu tinha causado a ela. Prometi a mim mesma que faria de tudo para recompensá-la. Na manhã seguinte, fui a caminho de Portugal. Quando cheguei ao Porto, senti a mesma emoção que tinha sentido anos antes. Senti que a minha casa era ali, de frente para o mar, em alguma vila remota e isolada.

Comecei a procurar um apartamento nas aldeias ao longo da costa até que encontrei um numa bela e moderna cidadezinha chamada *Póvoa de Varzim*. Depois de procurar as chaves, me instalei. Era um apartamento muito peculiar, era possível dizer que tinha sido decorado por uma pessoa idosa. O mobiliário era antigo e a decoração estava sobrecarregada: pinturas de cavalos e egípcios, figuras de porcelana antiga... Nada fazia sentido ou combinava entre si. A velha cama de mogno tinha um toque decadente, havia um grande e pesado baú na sala de estar, e em frente à cama enorme, um espelho refletia a minha figura. Era um lugar calmo e eu gostava disso. Era disso que eu precisava para pensar e me encontrar. Me senti cansada e, pela primeira vez em muitos meses, dormi a noite inteira de uma só vez, sem pesadelos nem solavancos.

Na manhã seguinte, depois de tomar o café da manhã num café à beira-mar, decidi ir visitar a zona histórica da cidade. Voltar para as ruas de pedra que me deslumbraram há sete anos atrás me fez me sentir melhor. Caminhei por horas pelo centro, pelos cantos que tanto amava e que tantas lembranças de tempos felizes vinham à minha mente. Ao passar pela cafeteria onde beijei Fernando pela primeira vez, uma rajada de tristeza encolheu meu coração. Me lembro daquela noite chuvosa na praça *da Batalha*, onde ele me abraçou e me beijou num canto encostado na parede.

Apanhei o velho elétrico que ia do centro da cidade para a *Foz*. Cheguei ao ponto em que o rio se junta ao mar, a tempo de contemplar novamente o pôr-do-sol. No fim de novembro, recebi uma mensagem. O som do telefone me alertou, mas eu fiquei realmente surpresa quando vi o nome na tela. Era o Fernando. Me sentei por alguns minutos, tentando acalmar os nervos para conseguir ler a mensagem. Quando comecei a ler, minha decepção foi ainda maior. Era um texto frio. Nem parecia a mesma pessoa que, anos atrás, me enviava mensagens de amor. Era apenas um acúmulo de reprovações e duras palavras. Ele me acusava de separá-lo de sua família por ano.

Eu não podia acreditar nas suas palavras. Sem desculpas, arrependimentos, nada. De repente, eu era o demônio naquela história, como se tudo que a sua mãe tinha feito nunca tivesse acontecido. Respondi da melhor forma que pude, tentando conter a minha raiva. Depois da primeira mensagem, vieram mais, todas cheias de reprovação de ambos os lados. Alguns dias depois, ele pediu meu número e finalmente me ligou.

—Marina, estou em Portugal. Podemos nos ver? Só me diga onde. Vamos conversar. —disse ele em voz baixa.

Fria e calma, pela primeira vez em anos, eu tinha claro o que eu queria. Eu respondi com uma voz gentil, sem nenhum nervosismo:

—Não temos mais nada pra falar. Eu te dei meu coração e você pisou sem misericórdia. Não tenho o intuito de ficar com as suas migalhas e sua falta de amor. Você não merece nem um único momento que vivemos, você sabe disso. O que mais temos de falar?

Do outro lado do telefone, houve um breve silêncio. Fernando não sabia o que dizer. Sem palavras, ele tentou argumentar:

—Por favor, me dê uma chance de me explicar. Eu estou passando por uma depressão, preciso falar com você.

Eu respondi com frieza, com ainda mais certeza da minha atitude.

—Não, Fernando. Me desculpe, mas ainda que me custe, este é o fim. É inútil falar mais. Te desejo o melhor na sua vida, mas, deixe-me ir.

Desliguei o telefone, e, com minhas mãos no peito, comecei a chorar. Eu disse a mim mesma que era o melhor. Ao menos, eu preservei o pouco de dignidade que me restava e segui meu caminho. Durante os dias seguintes, Fernando continuou me mandando mensagens, mas eu nunca respondi. Mesmo assim, todas as vezes que via seu número na tela, meu coração encolhia. A desilusão do amor é uma perda dolorosa, como um luto em transe, mas eu tive de passar por isto.

Uma dor intensa e uma grande desilusão me invadiu. Passei meus dias em frente ao mar, sentada na areia e contemplando as ondas furiosas chocar com as rochas. Os dias eram nublados e cinzas, o céu parecia chorar junto comigo. Em minha cabeça, os episódios da minha vida desafortunada se repetiam, e eu me perguntava sem parar: por que eu? Me sentia miserável e talvez o mundo fosse um lugar melhor sem a minha presença.

CAPÍTULO V

Numa noite tempestuosa, sob influência do álcool, fui cambaleando até o banheiro. Me olhei no espelho e senti que a imagem refletida para mim não era a mesma. Me sentia feia e suja. Procurei uma faca afiada na cozinha e então enchi a banheira com água quente, depois, entrei com uma garrafa de vinho recém aberta. Peguei a faca e comecei a fazer alguns cortes profundos nos meus pulsos. Tinha lido em algum lugar que era um jeito doce de morrer. Era uma ideia tentadora: sangrar até a inconsciência e deixar de existir. Não sei quanto tempo estive na água, enquanto isso, tudo foi pintado em vermelho e o cheiro de sangue permeou o ar.

Foi quando eu ouvi a voz dela. Era Beatriz falando comigo:

«Não, Marina, você não vai morrer, não vou deixar. Saia dessa banheira agora mesmo e chame uma ambulância. Você deve lutar. Como é que você pode fazer isso comigo depois de tudo o que passamos? Você é estúpida e submissa, pare de sentir pena de si mesma e faça algo pela sua vida. Já pensou na sua filha? A dor que lhe vai causar? Você é uma egoísta de merda. Levanta, porra! »

Ela estava lá para me salvar novamente. Devagar, me levantei e saí da banheira. Eu tremia de frio, rastejando para o quarto, deixando um rastro de sangue fresco no caminho. Cheguei à mesinha de cabeceira, peguei no telefone e liguei para a emergência. A ambulância chegou em poucos minutos e me levou ao hospital mais próximo. No caminho, desacordei completamente e só acordei na manhã seguinte. Minhas mãos estavam atadas e eu estava de volta em uma cama de hospital em menos de seis meses. O médico entrou pela porta. Ele era um cavalheiro de cinqüenta anos. Se sentou na minha frente, numa cadeira e me explicou a minha situação. Eu estava fraca, mas eles tinham conseguido chegar lá a tempo. Eu tinha perdido muito sangue, mesmo assim, eu me recuperaria sem problemas. Ele me olhou sobre os seus óculos e me perguntou com atenção:

—Por que você tentou se matar? Eu preciso fazer um relatório para determinar o seu estado mental e saber se você é um perigo para si mesma ou para os outros.

Eu ainda estava deitada na cama, então, engoli seco e respondi:

—Foi uma má decisão, eu sei. Uma desilusão amorosa, eu sou uma idiota.

—Pode me dizer tudo, querida. Você podia ser minha filha e eu vejo que você está sozinha. Você não tem família aqui? O que aconteceu para que você chegasse a este ponto extremo de tirar a sua vida?

Eu contei a minha história toda em lágrimas. Abalado, ele me pegou pelos ombros e me olhou nos olhos, dizendo:

—Esse homem deve ser o homem mais estúpido da Terra. Ele tinha uma mulher tão bonita e apaixonada como você, mas deixou escapar. Você não devia derramar uma só lágrima por alguém que não te merece. E, é claro, nunca deve tentar acabar com a sua própria vida. Coisas melhores virão, você vai ver. Tenho idade suficiente para te dizer que tudo penso. Você é uma batalhadora, se não, não teria chamado a ambulância. Você quer viver e tem que viver. Vou te dar alta dentro de alguns dias, mas você tem que vir verificar os pontos. Não cometa nenhuma loucura, me prometa.

—Muito obrigado, Doutor. Eu prometo. Não sei como lhe agradecer pelas suas palavras. — Respondi com um sorriso.

...

Nos dias seguintes, saí do hospital e, ao chegar em casa, senti um enorme desejo de caminhar ao longo da orla. Entrei no carro e dirigi por uma bela estrada ao lado das ondas quebrando contra as rochas. O sol estava lentamente se pondo no fundo do mar. Eu estava pensando na sorte de estar viva e poder contemplar aquele lindo pôr-do-sol. Liguei o rádio, estava tocando uma música hipnotizante, um *fado* português chamado *Canção do Mar*. Aumentei o volume para sentir cada fibra do meu corpo vibrar com o ritmo daquela melodia hipnótica. Comecei a cantar gritando dentro do carro, ao mesmo tempo em que batia no volante. Chorei, senti raiva, dor..., mas logo chegou o alívio calmo e intenso acompanhado por uma paz interior incomum que me invadiu. Naquele momento, tomei uma decisão que iria mudar o curso da minha vida para sempre.

Lady Beatriz, a *dominadora*, voltaria. A doce e sofredora Marina, que todos pisavam, desapareceria. Beatriz tomaria definitivamente o seu lugar. Os preparativos para o lançamento do meu novo projeto começaram. Procurei um lugar pequeno para colocar o meu estúdio. Comprei todo o material: cordas, mordaças, algemas, barras de punição, chicotes e cabos de equitação. Eu tinha pedido uma cruz de madeira que fosse suficientemente grande para amarrar uma pessoa a ela. Quando tudo estava pronto, fiz uma sessão fotográfica na loja. O último passo foi anunciar os meus serviços. Em vários sites especializados em BDSM, coloquei o anúncio com o seguinte texto:

Só para os conhecedores:
Eu não sou sua namorada, não sou sua amante. Não sou contratada para te dar prazer ou para cumprir as suas ordens. E se tiver a honra de me servir e saciar os meus desejos mais sádicos, você vai sentir a força de uma verdadeira mestra. O tributo que você oferecerá à sua suprema rainha deve ser generoso e você deve entregá-lo sem protestos. Não me questione. Na verdade, eu não aceito nenhum tipo de perguntas. Minha palavra é lei, se você entrar no meu mundo, será apenas na condição de que aceite todas as minhas ordens. Eu faço sessões de dominação sérias. Eu tenho

prazer sexual autêntico com esta prática. Estou segura e determinada, uma mulher que é dona dos seus desejos. Viciada em todos os tipos de circunstâncias de BDSM. Eu adoro a humilhação. O domínio é uma arte que nem todas as mulheres podem praticar. Se você acha que tem a capacidade de me servir, por favor entre em contato comigo. Você encontrou a sua dominadora *perfeita. Eu não faço sexo convencional, portanto, se você não é um submisso, fique longe de mim. Não aceito pessoas curiosas ou inexperientes que queiram tentar algo diferente. Eu só aceito compromissos.*

Lady Beatriz

Coloquei algumas fotos vestidas com uma roupa de látex vermelho ajustada ao meu corpo e com um chicote na mão, depois, me sentei à espera.

As chamadas não demoraram muito a acontecer, uma após a outra. Mais de vinte telefonemas na primeira tarde. Faziam todo tipo de perguntas. A maioria eram iniciantes que não sabiam o que estavam procurando, mas se sentiam atraídos pela mulher que tinham visto na foto. Todos queriam conhecê-la.

...

O meu primeiro cliente era um engenheiro profissional de meia-idade, altamente educado. Quando ele passou pela minha porta, tirei a luva da minha mão direita e estendi minha mão para ele. Ele imediatamente entendeu o que tinha que fazer, fez uma reverência e beijou minha mão silenciosamente.

—Trouxe o meu tributo? —perguntei. —Ponha na mesa. —disse eu, apontando para uma peça de mobiliário na entrada.

Ele tirou do bolso um envelope branco com uma generosa quantia de dinheiro.

—Tire a roupa e ajoelhe-se no chão. —Pedi com uma voz lenta, mas firme. —De agora em diante, você vai me chamar de senhora e vai baixar a cabeça olhando para o chão na minha presença. Só vai se mexer se eu lhe disser, compreendeu?

—Sim, minha senhora. —Ele murmurou, olhando para baixo com as mãos atrás das costas.

Enquanto ele estava ajoelhado à minha frente, pus as minhas botas no rosto dele.

—Lambe. —disse eu, com o chicote na mão.

Só precisei dizer uma vez para o ver a passar a língua lentamente pela pele das botas até chegar ao calcanhar. Eu lhe disse para pôr dentro da boca e para continuar a chupar, só podia parar quando eu estivesse satisfeita.

—Bom menino. —Sussurrei. Com a minha mão, toquei no seu cabelo para o acariciar. Depois, peguei num dos meus bastões de castigo e comecei a espancá-lo. Coloquei uma coleira com uma corrente no pescoço dele e depois disse para ele andar de quatro pela sala até chegar à cruz.

—Levanta, verme. —Voltei a ordenar.

Quando ele se levantou, coloquei-o de costas contra a parede. O amarrei na cruz com força, para ele não poder se mexer. Tirei a minha calcinha e coloquei na cara dele.

—Cheire, sinta a fragrância da minha boceta suja e abre a boca. —gritei.

Quando ele abriu a boca, coloquei a calcinha, e com um pedaço de fita, fechei. Depois disse a minha frase preferida, a que usava nas minhas sessões na Villa Luísa:

—A dor está chegando.

A partir daí, as chicotadas se tornaram mais intensas, deixando marcas nas suas costas e pequenas gotas de sangue escorriam através delas. Perdi a noção do tempo, me entreguei ao frenesi de sangue e suor. No fundo, era possível ouvir a música e os gemidos da minha vítima.

Senti a adrenalina a correr pelo meu corpo, Beatriz era imparável.

Eu o desamarrei e o coloquei de quatro na cama. Ele esperou pacientemente com a cabeça baixa enquanto eu me preparava. Com um pouco de lubrificante na luva de látex, comecei a meter a mão no ânus dele. Ele adorava *fisting* e era uma das práticas que tinha me pedido para fazer. Primeiro, introduzi os dedos até a mão inteira entrar, logo em seguida, o músculo cedeu à pressão. Ele gemia de prazer enquanto se masturbava com uma das mãos. Durou cerca de vinte minutos até ele finalmente ejacular. No final da sessão, ele se vestiu novamente e saiu pela porta com um sorriso de satisfação. Antes de sair, beijou minha mão novamente, exclamando com devoção:

— Até a próxima, madame. Foi espetacular, você é fantástica. Eu voltarei.

Quando fiquei sozinha, me sentei na cama pensando no que tinha acabado de acontecer. Estava satisfeita e queria outros clientes o mais rápido possível.

Nos dias seguintes, as chamadas continuaram. Aprendi a avaliar os meus clientes pelo tom de voz. Eu sabia se eles realmente queriam ser dominados ou se estavam curiosos e com fome de sexo.

...

Logo, outro cliente especial apareceu. Na entrevista prévia, ele tinha falado do seu fetiche. Era uma prática de que eu já tinha ouvido falar, mas nunca tinha praticado. Consistia em ser apertado com as pernas pelo pescoço, como uma tesoura, até a quase total privação do ar, através da qual ele podia alcançar um prazer intenso:

—Nunca fiz esta prática. —Confessei. —Estou curiosa para experimentar, se você concordar.

Os olhos dele brilhavam de felicidade, então ele exclamou:

—Sim, claro. Eu posso te ensinar a fazer e te guiar. Quando for suficiente, vou bater na sua perna e você vai saber que tem que me soltar. Pratiquei pela primeira vez num clube BDSM em Amsterdã e achei muito agradável. Agradeço pela sua disponibilidade. —disse ajoelhando-se e beijando minha mão.

—Mas quero que uma coisa fique clara: Faço a prática vestida com uma legging e assim não tenho contato direto com seu pênis. —Pontuei. — Se você não concordar, está em tempo de se retirar. Caso contrário, deixe o tributo em cima da mesa e vamos começar.

—Está tudo claro, madame. Não quero mais nada além do que pedi, posso me masturbar enquanto o fazemos.

—Não tenho problemas em fazer isso desde que você não manche nada, e se manchar, você vai limpar. —concluí.

Ele concordou com a cabeça novamente e nós começamos os preparativos para a sessão.

Coloquei um tapete no chão e tirei as botas para ficar mais confortável. Ele se deitou no chão com o rosto para cima, e eu fiquei no lado oposto, com o rosto para baixo entre as pernas dele.

—Está pronto? —perguntei.

Ele respirou um pouco e começou a falar.

—Ponha as mãos no chão e depois levante o seu corpo como se estivesse fazendo flexões. Cerque meu pescoço com suas pernas e aperte-o com força.

Foi o que eu fiz repetidamente. Apertei bem a garganta dele enquanto o sentia ofegar. Quando a pressão era demais, ele me dava um pequeno toque para me fazer parar. Continuamos fazendo aquele exercício por pelo menos quarenta minutos, sempre intercalados; cada vez ele me pedia para fazer mais forte. Ele queria atingir o seu limite de asfixia.

Ele começou a ficar entusiasmado. Pegou no pênis para se masturbar enquanto lhe apertava o pescoço com cada vez mais pressão. Finalmente, ele teve um orgasmo e deu um suspiro. Seu rosto estava azulado e suas pupilas estavam dilatadas ao máximo.

Depois de recuperar o ar e se limpar, ele se vestiu de novo e, quase sem palavras, nos despedimos. Ele beijou a minha mão e saiu pela porta. Me sentei no sofá e passei o resto da tarde pensando que se eu tivesse apertado um pouco mais as pernas, aquele homem poderia ter morrido asfixiado na minha sala.

...

Uma das minhas práticas favoritas era a *feminização* e a inversão de papéis. Muitos clientes pediam e eu gostava muito. Tive meu primeiro contato na Villa Luísa, quando conheci Mimí, a assistente pessoal e *sissy maid* em tempo integral. Para esta prática, existia um guarda-roupa especial com vários acessórios femininos: perucas, saltos altos... Além disso, eu tinha cerca de 42 vestidos, uniformes de funcionários e maquiagens específicas para fazer a barba e reproduzir as imperfeições da pele masculina. As minhas *meninas* vinham à minha casa particular, porque num ambiente familiar era muito mais real e envolvente. A maioria delas eram homens de meia-idade, casados, que falavam suavemente e sorriam timidamente. Eu costumava sentá-los de frente ao espelho, fazendo com que olhassem para si próprios, enquanto eu dizia numa voz envolvente:

— Agora vamos te transformar numa mulherzinha bonita e atraente, você está pronta?

Eles sorriam cheios de emoção enquanto a sessão começava. Maquiagem, delineador e o batom completavam o processo. Além disso, a peruca e um sutiã acolchoado, juntamente com algumas calcinhas sexy, uniforme de empregada e meias-calças com saltos altos.

— Desfila para mim, quero te ver mexendo. Vira.

Lhes ensinava como caminhar, enquanto os acompanhava pelo corredor com o meu chicote na mão.

— Vira de frente. Um pé primeiro e depois o outro. Vai lá, olhe pra frente e sorria. Você deve se sentir bonita e sexy, pense nos homens que vão olhar para você e como eles vão ficar de pau duro vendo você balançando esse bumbum na frente deles.

Eles retornavam, repetidamente, andando pelo corredor e parando em frente ao espelho para sorrir.

—Vá à cozinha e faça um café com bolinhos para mim. —Eu pedia enquanto me sentava no sofá com as pernas em cima da mesa.

Depois de prepararem, traziam numa bandeja de serviço dentro de poucos minutos. Enquanto eu bebia, eles ficavam de pé, olhando para o chão, com as mãos cruzadas nas costas.

No final, uma nova ordem era dada:

—Quero uma massagem nos pés.

Eles se ajoelhavam e começavam a tirar minhas botas. Os meus pequenos pés descalços os fascinavam. Massageavam gentilmente os meus pés com óleos aromáticos. Às vezes, eu colocava um *strap-on* para penetrá-los no ânus como recompensa pelo bom comportamento.

Os tributos eram generosos, por isso rapidamente ganhei algum dinheiro. Logo depois, decidi expandir meu negócio e investir em algo mais lucrativo.

...

A oportunidade veio de Pedro Carvalho, um homem de negócios de reputação duvidosa e muitos vícios sexuais. Ele tinha vários negócios no setor de exportação e importação. Ele era simpático e muito intuitivo. A nossa amizade se desenvolveu rapidamente e logo foi criado um vínculo que só ocorre nos casos em que um igual reconhece o outro.

Pedro era inteligente, com um talento natural para os negócios e uma mente aberta. Ele costumava dizer:

—Um corpo nu é lindo, mas uma mente nua é extraordinária.

A sua mente era sem dúvida extraordinária, sem tabus, brilhante.

Passávamos horas juntos falando de negócios, de como ganhar dinheiro. Pouco a pouco eu ganhei a confiança dele. Ele me falava dos seus negócios com a máfia e de como introduzia drogas através da sua empresa de Angola para vários outros destinos no Norte da África. Nós fodíamos muitas vezes e ele deixou de ser meu cliente para se tornar meu amante. Ele me contava sobre sua vida, como tinha saído do submundo em sua terra natal, Moçambique e, como descendente de imigrantes portugueses, sempre esteve cercado pela pobreza. Me falou do seu primeiro amor, uma africana que os seus pais não aceitavam. E como, devido à sua juventude e inexperiência, tinha renunciado a esse amor e tinha o abandonado. Foi obrigado pela sua mãe a regressar a Portugal para se afastar dela. Mas a menina carregava um dos seus filhos no ventre. Anos mais tarde, ele soube que Júlia (o nome da menina) e o seu bebê tinham morrido durante o parto. Isso, infelizmente, era comum nos países africanos.

Pedro caiu numa terrível depressão, depois disso se separou da sua família, os culpando pela sua desgraça. Desde então, começou a consumir *crack* até quase se matar, a fim de esquecer sua culpa e a sua dor.

—Eu já visitei o inferno, minha querida. Eu vi a face da morte e olhei nos olhos dela. Quando eu tinha apenas vinte e cinco anos de idade, senti que não queria mais viver e que queria me juntar a ela e ao nosso bebê.

Mas a ele não lhe foi concedido esse desejo. Havia outros planos para ele, e no seu caminho, ele cruzou com uma ordem de peregrinos que o receberam e o ajudaram a se desintoxicar. Pedro fundou a sua companhia aproveitando o crescimento econômico dos países africanos. O fato de ter sido criado num deles, lhe deu um conhecimento profundo da cultura e da forma de fazer negócios com os nativos. Ele trabalhou muito até se tornar quem ele era hoje. Teve muitas mulheres impressionantes, mas a memória desse primeiro amor nunca lhe saiu da cabeça. Com três casamentos fracassados e com filhos de mulheres diferentes, Pedro era um homem de apetites sexuais muito exigentes. Ele adorava orgias, clubes de *swingers* e era abertamente bissexual. Sua maior fantasia era ser forçado por uma mulher a ter relações sexuais com outro homem, ser ordenado a chupar o seu pênis e, ao fazê-lo, ouvi-la o insultando e batendo em seu rosto.

Às vezes contratávamos alguém jovem e musculoso. Pagávamos para que ele realizasse a nossa fantasia sexual. Depois de o fazer, o rapaz simplesmente desaparecia, nos deixando sozinhos para fazer nosso sexo selvagem. O negócio mais lucrativo do Pedro era o tráfico de drogas, por isso lhe pedi para participar. Eu queria fazer dinheiro rápido. Essa era a maneira perfeita. Foi assim que eu aprendi a cortar coca, a pesar e a fazer os pequenos pinos. Eu usava o fato de ser uma mulher estrangeira para transportar a droga no meu carro por todo o país e até mesmo para a Espanha.

Tivemos negócios com os maiores traficantes no bairro mais importante do tráfico de drogas da cidade do Porto e, talvez, o maior supermercado de venda de drogas da cidade, o *Aleixo*. Pessoas de todas as classes sociais freqüentavam o lugar para procurar a sua dose, desde os mais miseráveis drogados a empresários, futebolistas famosos e banqueiros. Todos eles vinham pela mesma coisa. Se você se arriscava a sair do carro e adentrar naquelas ruas, era possível que alguns malandros, que andavam desesperadamente em busca da sua dose diária, pudessem te roubar com alguma arma. Qualquer coisa era válida para obter o cobiçado prêmio; roubar, matar ou se prostituir. Não eram mais seres humanos, mas sim zumbis, mortos vivos com uma data de morte marcada na testa.

Os portões do inferno estavam abertos diante dos nossos olhos cada vez que entrávamos lá.

Havia dois edifícios altos, que eram conhecidos como «as duas torres.» Uma abria o tráfico durante o dia e a outra durante a noite. Vinte e quatro horas de trabalho, sem parar. A tensão podia ser sentida no ar, com a expectativa e a falsa calma que antecede uma tempestade. Uma disputa entre traficantes, um tiroteio entre grupos... Qualquer desculpa era suficiente para acabar com uma bala no meio da testa. Os sacos de dinheiro eram enchidos rapidamente e precisavam ser esvaziados de forma constante. Esse era o meu trabalho. Se houvesse uma batida policial, o dinheiro era confiscado. Eu sempre estava em carros diferentes, em momentos diferentes. Usava perucas e óculos de sol para não ser reconhecida. Nunca fui parada, nem o meu carro foi revistado.

Todas as tardes, ao cair da noite, eu ia fazer a minha recolha. Os zumbis rastejavam ao meu lado. Alguns dormiam no parque, ao lado direito das torres. Havia lixo por todo o lado, também seringas e as folhas de alumínio que usavam para queimar *crack*. Contudo, nunca se atreveram a me tocar. Sabiam que eu era braço direito do Pedro e que ele tinha uma reputação terrível lá. Sempre que me viam, me cumprimentavam com um sorriso servil, perguntando se me podiam ajudar de alguma forma. Tinham a esperança de ganhar favores de um dos homens mais poderosos do bairro.

O meu negócio também era usado para lavar dinheiro. Eu obtive uma licença para trabalhar como *coach* em cursos de autoajuda e realização pessoal. Coloquei uma placa na porta do meu estúdio, a fachada perfeita para o meu verdadeiro trabalho. A discrição era a minha maior preocupação. O dinheiro que eu ganhava era transportado em pequenas quantidades. Guardava tudo em dinheiro na casa da minha mãe nas freqüentes viagens que fazia para ver o meu pequeno.

...

Uma tarde, recebi uma chamada peculiar. Era a voz de um jovem rapaz.

—Boa tarde, eu estava ligando para saber as condições e preços dos seus serviços, *madame.* — Ele perguntou calmamente.

—Fale mais alto, não te ouço, o que você quer? —pedi sem muita paciência.

—Sim, senhora. —Ele disse, levantando um pouco mais a voz. —Senhora Beatriz, eu quero ser seu escravo.

—Quantos anos você tem? Como você sabe que quer ser um escravo?

—Eu simplesmente sei, madame. Nasci para ser submisso, para ser um cão obediente. Eu só preciso encontrar a minha rainha para me completar. Quando vi as suas fotos na Internet, soube que era a mulher certa. —respondeu ele.

Fiquei surpreendida com a veemência das suas palavras. Havia algo naquele rapaz que despertou a minha curiosidade, por isso decidi aceitar conhecê-lo.

—Tudo bem, pode passar na minha casa amanhã às seis da tarde. Eu só tenho esse horário disponível, seja pontual.

—Sim, senhora, eu vou. Te vejo amanhã.

Eu não sabia exatamente porque lhe dei o meu endereço de casa, não o endereço do estúdio.

No dia seguinte, o telefone tocou por volta das seis horas da tarde. Eu estava em um bar perto do mar, bebendo um chocolate quente e curtindo o pôr-do-sol.

—Sim, pode falar. —Respondi distraída.

Do outro lado, eu ouvi a voz do rapaz. Tinha esquecido completamente do encontro com ele.

—Sou eu, Ricardo. Estou na porta da tua casa, posso subir?

—Não estou em casa, mas volto em breve. Se você quiser, terá que esperar. —Eu respondi.

—Como a senhora ordene. Eu espero por você. Leve o tempo que a senhora precisar. Estarei aqui à sua espera.

Terminei o meu chocolate e esperei mais de meia hora para me levantar da mesa na esperança de que ele se cansasse e fosse para casa. Porém, quando cheguei em casa, lá estava ele, esperando por mim. Tímido, ele me cumprimentou com os olhos fixos no chão. Ele era um rapaz de 20 e poucos anos, alto, com cabelo preto e corpo atlético. Ele tinha olhos azuis muito expressivos.

«Nada mal.» Pensei. Me senti atraída só de o ver. Estiquei a palma da minha mão, sorrindo maliciosamente. Ele olhou para mim com devoção. Sem uma palavra, ele beijou minha mão e fomos para o meu apartamento pelo elevador. Quando subimos, ele ainda não conseguia olhar para mim, espantado num canto. Quando chegamos ao quarto andar, saímos do elevador. Eu tirei as chaves e abri a porta do meu apartamento. Entramos e sentamos no sofá.

—Eu sou *Lady* Beatriz. Qual é o seu nome? — perguntei, fixando o meu olhar nos seus grandes olhos azuis.

—Ricardo. —Ele respondeu, com vergonha e incapaz me encarar.

Eu estava entusiasmada com a situação, senti vontade de experimentar coisas com ele, para ver se ele era o tipo de homem que estava à minha altura.

— Como você sabe que gosta de dominação? — perguntei. — Você já teve uma experiência semelhante?

— Não, senhora. Sempre fui uma criança tímida e envergonhada. Sempre tive vergonha de dizer a alguém o que realmente queria. Não tenho tido muitas namoradas porque a minha relação com as mulheres é muito complicada. Mas dentro de mim, há um profundo desejo de servir uma mulher dominadora como você. Quando lhe vi aparecer, soube que você era a mulher certa para tornar a minha fantasia real.

— Está bem, que assim seja. Por que perder tempo com palavras? Vamos testar os seus limites. Tira a roupa. — disse enquanto o levava para o meu quarto.

Na sala, ele começou a tirar a roupa sob o meu olhar atento. O seu corpo era perfeito, esculpido como um deus grego. Fiquei profundamente excitada com a situação. Desde os tempos com Fernando não sentia nada parecido. Quando ele pôs o pênis pra fora, eu suspirei. Era grande e estava totalmente duro, como eu gostava. Me virei ao redor dele colocando minhas mãos no peito e gentilmente deslizando-as até chegar às suas costas.

—Deite-se na cama. —Sussurrei no ouvido dele por trás, enquanto, com uma corda vermelha, comecei a amarrá-lo às extremidades da cama.

Pus uma música sensual, depois o coloquei aos pés da cama com as pernas abertas. Com um pequeno chicote de couro na minha mão, passei lentamente as tiras do chicote por todo o seu corpo, acariciando as suas zonas erógenas. Em seguida, dei algumas chicotadas, seguidas de carícias intermitentes. Coloquei um dos meus pés no peito dele e enfiei na boca dele. Pus o dedo grande do pé, enquanto ele chupava sem nem mesmo eu pedir. Apenas uma pequena confirmação com a cabeça era suficiente. Fiquei em frente ao rosto dele, com as pernas abertas e completamente nua, para que ele pudesse me ver toda excitada.

—Você gosta disso aqui? —perguntei, pondo as mãos na minha vagina e acariciando-a com os meus dedos.

—Sim, minha *lady*, quero muito isso.

—O que você está disposto fazer pela sua rainha? Me conta.

—O que a madame quiser. —Ele respondeu. —Tudo o que você me pedir.

—Me chupa. —exclamei, descendo lentamente para me sentar na cara dele.

E assim ele o fez. Primeiro, ele fazia círculos lentamente com a língua ao redor da minha vulva e depois, mais intensamente, sugando seus lábios. Tive um orgasmo em poucos minutos. Eu agarrei a parte de trás da cama e um grito alto saiu da minha garganta.

—Agora quero ter você dentro de mim. —Eu disse, olhando nos olhos dele com um sorriso.

—Faça-me seu, minha rainha, minha amante. Estou aqui para o seu prazer. —Ele exclamou completamente fora de si.

Fiquei em cima dele, depois o montei. Ele não se conseguia mexer, só se contorcia de prazer. Ele olhava para os meus seios balançando na altura dos seus olhos. Ele os chupava delicadamente e, naquele momento, eu senti a chegada de outro orgasmo. Quando finalmente fiquei satisfeita, desamarrei seus pés e mãos e lhe disse com autoridade:

—Agora quero que você se masturbe. Quero sentir seu leite quente nos meus peitos.

E assim ele o fez. Ele se levantou enquanto eu me masturbava na cama, observando tudo. Aquele líquido branco disparou e caiu sobre mim, enchendo o meu rosto e seios, descendo por todo o meu corpo. Com as minhas mãos, espalhei por todo o meu corpo e disse:

—Bom menino. Agora se vista e vá para casa. Aja como se esta tarde nunca tivesse acontecido e siga com a sua vida.

Seu rosto mudou completamente, mas sem dizer uma palavra, ele se vestiu de cabeça baixa e saiu pela porta.

Uma vez no chuveiro, não conseguia parar de pensar no que tinha acontecido e, no meu íntimo, sabia que não seria a última vez que nos veríamos.

No dia seguinte, recebi uma mensagem. Era ele.

Lady Beatriz, sou eu, Ricardo. Desculpe incomodá-la, mas não consigo parar de pensar no que aconteceu. Você está zangada comigo? Eu fiz alguma coisa errada? Por favor, não me ignore. Estou pedindo uma segunda oportunidade, para poder recomeçar. Só quero provar que posso fazer melhor. Não precisa me bloquear, não vou lhe deixar mais desconfortável. Só me responde apenas sim ou não. E se a sua resposta for não, vou respeitar a sua ordem e não vou mais lhe incomodar.

Um beijo do teu escravo, Ricardo.

Peguei no telefone e escrevi uma simples palavra: *Sim.*

Em menos de uma hora ele estava na minha casa, não há necessidade de explicar o que aconteceu a seguir. Abri a porta vestida com meu vestidinho de látex, com um *cap* de polícia cobrindo meu cabelo e com os lábios pintados de vermelho carmim. Fodemos a noite toda e desta vez eu não pedi mais para ele ir para casa. Na manhã seguinte, durante o café da manhã, eu expliquei as regras ao Ricardo:

—A partir de agora você só pode vir aqui quando eu te contactar. Eu te proíbo de me enviar mensagens de texto ou sequer falar comigo. Ricardo, se você fizer isso, será o fim, eu fui clara?

Seu rosto se iluminou e, com um grande sorriso, ele respondeu:

—Sim, minha rainha. Eu vou te servir todos os dias da minha vida. Não vou desapontar. Ele beijou a minha mão com carinho, depois selamos um pacto que foi introduzido na minha vida.

Ele viria à minha casa quando o chamasse. Estávamos passando cada vez mais tempo juntos. Eu gostava da sua companhia, da sua doçura e da inocência que ele trazia à minha vida. Ricardo era filho de um rico hoteleiro local, sendo assim, não tinha problemas financeiros. Em uma ocasião, ele me pediu para deixar a minha profissão. Eu recusei categoricamente.

— Isso não vai acontecer, Ricardo. Eu gosto do que faço e faço por prazer. Não quero que você confunda as coisas. Não estamos na mesma etapa das nossas vidas. Você deve saber disso. Continuarei cuidando dos meus outros submissos. Você não me pode impedir de fazer isso. Lembre-se qual é o seu papel neste jogo. Acabou a conversa.

Durante vários meses, continuamos a mesma rotina. Ele ia trabalhar no negócio de sua família e eu ia trabalhar no meu estúdio. Costumávamos nos ver em minha casa todas as noites. Passávamos muito tempo juntos, e, em nossas longas conversas, os pequenos segredos começaram a ser revelados. Uma vez, estávamos sentados no sofá. Ricardo me contou uma história terrível em lágrimas. Aos nove anos, ele tinha sido violado pelo tio, o irmão mais velho da sua mãe. Ele era um membro da família altamente respeitado e os pais de Ricardo confiavam nele. Ninguém nunca suspeitou de nada, mas as comoventes e contínuas violações que ele sofria aconteciam mesmo debaixo dos seus narizes.

Os abusos continuaram até os seus dezesseis anos, ainda sim, só pararam pelo fato de que ele era velho demais para satisfazer o apetite de um pedófilo. Eu fiquei muito abalada. Naquela noite chorei pela primeira vez em anos com uma história que me fez lembrar tanto da minha. A personalidade masoquista de Ricardo o colocava em posição de sofrimento ao enfrentar qualquer tipo de problema. Ele era deprimido e dependente, características de um bom submisso, mas isso começou a me incomodar. Começou a beber com freqüência, a comportar-se de forma errônea e a mergulhar nas drogas. Eu tentei ajudá-lo, mas ele não me deu ouvidos. A gota d'água foi quando o encontrei na minha sala de estar se drogando com um amigo. Eu o pus pra fora da minha casa imediatamente.

—Você deve buscar ajuda. Eu não sou a pessoa certa para isso. Então, está na hora de dar um tempo. —Eu disse enquanto ele saía pela porta.

Ele chorava e implorava, tentou argumentar comigo, mas eu continuei firme.

—Não tenho tempo a perder com um menino. Eu não sou a pessoa certa para você. Encontre uma garota da sua idade e tente fazer sua vida — concluí.

Semanas depois, Ricardo foi encontrado morto na praia. Era uma manhã fria no início de fevereiro. Foi um tumulto em toda a cidade. O filho único de uma das famílias mais ricas e conhecidas da *Póvoa* tinha cometido suicídio. Ninguém conseguia entender. Como pode um jovem sem problemas e com uma vida privilegiada ter tomado tal decisão? Me senti culpada por abandoná-lo e pelas palavras duras que lhe disse.

A morte de Ricardo me afetou muito. Senti que não tinha feito o suficiente por aquela criança frágil com um sorriso tímido, mas não havia nada que eu pudesse fazer. Acabei não dormindo bem naquela noite e acordei gritando. Tive um sonho horrível com o meu bebê, aquele que tinha perdido há anos quando vivia com Fernando. Eu vi o momento em que ele saiu do meu corpo, estava deformado e podre. Mas o mais assustador era que ele tinha a cara do Ricardo. Eu acordei suando e chorando. Na cama, eu tentava recuperar o fôlego. Chegou o amanhecer e eu ainda estava deitada de olhos abertos sem adormecer.

Naquela manhã me lembrei que nunca tinha ido ao hospital buscar os resultados da autópsia do meu bebê. Tinha acontecido há dois anos, e quando aconteceu, eu não fui capaz de enfrentar tudo aquilo. Era hora de encerrar esse caso e eu precisava de saber o que tinha acontecido. Me vesti e entrei no carro a caminho do hospital *São João*, onde tudo tinha acontecido anos antes. Fui até a maternidade do hospital e perguntei na recepção. A enfermeira ficou surpreendida com o meu pedido porque tinha acontecido há tanto tempo que já não esperavam que fôssemos buscar o relatório médico.

—Estive numa viagem. —Expliquei. — Experienciei uma depressão profunda depois do que aconteceu e levei dois anos para encontrar forças para voltar aqui e enfrentar este momento. Por favor, me diga que não é tarde demais e eu posso descobrir a causa da morte do meu bebê.

—Tudo bem, Sra. O hospital mantém tudo registrado com as informações em nossa base de dados. Pode passar por aqui amanhã à tarde e nós lhe damos uma resposta. Se quiser ver um médico para lhe explicar tudo, também é possível.

—Muito obrigado, você é muito gentil. — exclamei enquanto saía.

Voltei à tarde, como tinham dito. Me sentei na sala de espera.

Esperei cerca de quinze minutos antes de ser chamada para a consulta, onde uma jovem médica me recebeu.

—Pode se sentar, Sra. Marina Zaldívar. Esse é o seu nome completo, não é?

—Sim. —Acenei com a cabeça. Esse é o meu nome. Eu estava aqui há dois anos para um aborto no quinto mês de gestação. —Comecei a explicar. A razão da minha visita é que eu quero saber o que aconteceu com o meu bebê.

A médica me olhou com um olhar estranho, inquisitivo e desagradável. Depois, ela começou a falar:

—Este relatório está aqui há algum tempo, certo? Não entendo porque você veio buscá-lo agora. Você sabe a razão do seu bebê ter morrido, Sra. Zaldívar.

A minha surpresa foi instantânea, eu não esperava essa resposta, nem tal acusação.

—O quê? Não percebo o que você quer dizer. Seria um absurdo vir se eu soubesse, não acha?

—Sra. Zaldívar, de acordo com este relatório, tanto o seu sangue como o do bebê tinham grandes quantidades de um medicamento altamente abortivo e prejudicial para o feto. Você não poderia tê-lo ingerido por engano, você deve ter tomado de forma consciente e com premeditação.

Eu não podia acreditar naquelas palavras. Fiquei paralisada na cadeira sem conseguir articular palavras. Segundos depois, eu voltei. Então, exclamei irritada:

—Como você ousa me acusar dessa forma? Eu amava o meu filho desde o momento em que soube que ele estava na minha barriga e quis segurá-lo nos meus braços. Era o que eu mais desejava neste mundo. Eu ainda choro por esta perda hoje em dia. Eu não tomei nenhum medicamento para abortar, deve haver algum engano.

—Então, acho que alguém deve ter lhe dado o remédio. Senhora, não há como a senhora ter ingerido isso acidentalmente. De qualquer forma, já não importa mais. Você queria saber e aqui está a sua resposta. Há mais alguma coisa que eu possa fazer por você? Tenho pacientes à minha espera. —Ela concluiu.

—Não, é o suficiente. Pode me dar uma cópia destes relatórios?

—Claro, são seus. Nós temos a obrigação de lhe dar. Boa tarde. —disse ela quase me expulsando do escritório.

Eu saí zangada e bati a porta. Caminhei pelos corredores com a cabeça girando. As palavras da médica ecoavam na minha mente sem parar.

Alguém deve ter me dado esse remédio. Alguém, mas quem? Essa pergunta era a chave para descobrir a verdade.

Na entrada do hospital, tive de me sentar nas escadas. Eu estava com falta de ar e sentia tonturas intensas. Cheguei a um caixote de lixo para vomitar. A minha cabeça estava pesada e não conseguia dar um passo sequer. Me sentei no chão durante meia hora. Várias pessoas vieram me perguntar se eu estava bem, se eu precisava de ajuda. Eu só agradecia com gentileza enquanto balançava a cabeça.

Finalmente consegui me levantar e caminhar lentamente até ao carro. Dirigi para casa em modo piloto automático. Passei o resto da tarde revendo, um a um, todos os meus movimentos daquele tempo. Onde eu tinha comido, o que tinha bebido? No entanto, não consegui encontrar nenhum padrão recorrente.

Eu não costumava ir aos mesmos bares ou comer as mesmas coisas, por isso não era possível ter tomado aquilo em um lugar público.

Então, finalmente percebi, como uma espécie de *clarão* que da minha cabeça. Josefa, a mãe do Fernando. Todas aquelas tardes que eu tinha ido comer na casa dela, o chá especial depois das refeições. Todos eles beberam café, mas eu não podia por causa da minha gravidez, então ela fez esse tipo de chá. Ela dizia que era para me ajudar com a digestão pesada que o meu estado de gravidez produzia. Claramente, ela nunca amou o bebê, o filho de uma mulher que ela odiava com todas as suas forças. Nessa hora eu entendi porque ela concordou em me receber em sua casa. Ela só estava à procura da oportunidade de acabar com a minha vida e a vida do meu pequeno. Ela sabia que se o meu bebê nascesse, seria impossível separar o filho dela de mim. Ela decidiu não permitir isso. A reação dela à minha perda corroborou as minhas suspeitas. Ela tinha alcançado o seu propósito e, portanto, não mostrou um pingo de tristeza ou dor.

Uma raiva cega tomou conta de mim e eu comecei a gritar e a bater nas paredes. Entrei na cozinha e comecei a quebrar toda a louça no chão e depois fiquei em posição fetal chorando por horas. Ao cair da noite, me levantei e fui para o chuveiro. Peguei um caco de vidro e me sentei no sofá. Enquanto estava lá, tomei uma decisão me prometendo que, mesmo que fosse a última coisa que eu fizesse neste mundo, aquela mulher miserável pagaria por isso. Ela teria uma morte lenta e dolorosa. A minha cara seria a última coisa que ela veria na vida. Os dias de Josefa estavam contados e ela nem conseguia imaginar o que estava por vir.

Nos dias seguintes, comecei a elaborar o plano. Queria lhe causar tanta dor quanto ela me tinha causado. Desde o primeiro dia em que pus os pés na casa dela, ela decidiu me odiar. A morte de um bebê inocente foi a gota d'água. Tive de procurar um lugar isolado, uma casa abandonada nas montanhas, longe da civilização. Não seria um problema, no meio do campo havia muitos. Examinei vários locais até encontrar o lugar perfeito. Foi assim que comecei os preparativos. Comprei cordas, ganchos e vários metros de plástico impermeável.

Uma tarde, fui ao centro da cidade, perto da estação de metrô da *Trindade*. Havia uma pequena loja especializada em artigos de caça. Passei pela porta e fui direto para uma seção de punhais e facas de caça. Escolhi uma delas. Era uma adaga com mais de vinte centímetros e uma ponta muito afiada. Caminhei até ao balcão para pagar. O balconista, um homem mais velho, careca e de óculos pretos, disse:

—Boa escolha, se quiser abrir as entranhas de um animal.

Eu não conseguia parar de sorrir porque pensava que era exatamente isso que queria fazer, esfolar aquela vaca imunda.

—É para o meu pai, um presente de aniversário. Ele costuma caçar e acho que vai gostar.

—É uma adaga magnífica, madame. O melhor presente que se pode dar a um conhecedor. O seu pai ficará muito satisfeito. —Ele respondeu com um sorriso. —Você quer embrulhar para presente?

—Sim, claro. Será o presente perfeito para ele. —exclamei, sorrindo.

Paguei em dinheiro para não deixar cair nenhuma cobrança de cartão e saí da loja, para a avenida onde tinha deixado o meu carro.

...

Os preparativos para o meu plano estavam quase prontos e eu só tinha de encontrar o momento certo para executá-lo. Ela trabalhava em uma escola religiosa. Era curioso que alguém que ensinava a palavra de Deus fosse capaz de matar um bebê sem o menor remorso. Eu passei dias vigiando suas entradas e saídas do trabalho, observando suas rotinas. Ela estava confiante, calma, pensando que seu pequeno mundo girava perfeitamente, vivendo sua vida impune depois de todos os danos que ela tinha causado. A imagem do meu bebê deformado vinha à minha mente toda vez que eu a via sair da escola. Meu filho nunca tinha visto a luz do dia, ele foi morto antes de ter a chance de vir a este mundo.

Várias semanas depois, era o momento perfeito para executar o meu plano. Estava chovendo muito e havia ventos fortes no Porto. Não havia quase ninguém na rua, apenas alguns que corriam para se protegerem. Ela saiu do trabalho às cinco e meia da tarde e, no meio do inverno, já estava escuro àquela hora. Isso, juntamente com a chuva, proporcionou uma oportunidade única. Eu a vi saindo pelo portão lateral da escola. Ela andava o mais rápido que suas pernas curtas e seu corpo pesado permitiam. Caminhei em sua direção com o coração acelerado, então, cheguei até ela. Eu estava usando uma máscara de esqui, desse jeito era impossível me reconhecer. Quando ela chegou no carro, parou por alguns momentos para procurar a chave, então, me aproximei rapidamente por trás e, com um movimento rápido, tirei um pano impregnado de formol. Coloquei na boca e no nariz dela, impedindo-a de respirar. Ela desmaiou alguns segundos depois. As chaves do carro caíram no chão e eu as peguei rapidamente, enquanto a segurava, abri e empurrei o corpo dela para o banco de trás.

Dirigi até uma casa abandonada no meio do campo, onde já tinha preparado todo o palco. Quando chegamos, ela ainda estava inconsciente. Arrastei o corpo o mais longe que pude dentro da casa. Com um aparato que tinha preparado, a suspendi, amarrando as mãos e os pés com cordas de marinheiro a alguns centímetros do chão.

Esta posição era amplamente utilizada no calabouço de tortura da Villa Luísa. Era uma posição extremamente dolorosa, até mesmo os clientes resistiam por pouco tempo antes de pronunciar a palavra de segurança. Nessa ocasião, não haveria palavra de segurança, não haveria limite de tempo para a sua dor. Ia fazê-la sentir os seus ossos a deslocarem-se com o peso do corpo. Após alguns minutos, ela acordou e começou a gritar de dor quase imediatamente. O terror se refletia em seus olhos. Eu me aproximei dela e disse:

—Não grites, Josefa, ninguém vai conseguir te ouvir. Pensou que nunca mais me ia ver? Já começou a sentir a pressão nos seus braços e pernas? Dói, não dói? Bem, o que eu tenho pra lhe dizer é que é só o começo.

Me aproximei e pus a minha cara na frente dela, para que ela pudesse me ver.

—Sabe quem eu sou? Olhe para mim. Entendeu agora?

Ela me olhou aterrorizada e começou a me insultar. Me mantive em silêncio olhando para ela, sem dizer uma palavra. Eu só sorria enquanto ela se debatia desesperadamente, tentando sair, mas só conseguia se machucar mais. Quando se cansou de gritar e percebeu que não havia como escapar, ela começou a chorar, me suplicando para deixá-la ir.

Depois disso, quebrei o meu silêncio:

—Este será o seu último dia neste mundo. Eu serei a última pessoa que você verá. Eu vou te matar da mesma forma que você matou o meu bebê.

Ela olhou para mim surpreendida. O rosto dela refletia um verdadeiro pânico. Ela não esperava que eu soubesse.

—Sim, eu já sei. Eu sei de tudo. Já estive no hospital e vi os relatórios médicos. Eu sei o que fez, me deu um medicamento para causar um aborto e acabar com a vida do meu filho. Agora chegou a sua vez. Está na hora de pagar e eu serei a carrasca.

Ela olhou para mim com terror. Sabia que nada podia lhe salvar. Chorava e se retorcia de dor. Sua pele rasgava lentamente na altura das mãos e, como produto do medo, acabou se cagando. O cheiro de suor misturado com merda era insuportável.

—Ninguém pode te salvar, Josefa. Você devia ter pensado melhor antes do que você fez. Eu era apenas uma pedra no seu caminho. Não seria mais fácil me aceitar? Não te custava nada, mas você fez uma má escolha e durante sete anos nos isolou e pressionou para nos separarmos. Você fez da vida do seu filho um inferno e não se importou. Você o manipulou, fazendo ele se sentir culpado por ter me escolhido, tentando fazê-lo fugir. Como você foi capaz de forçá-lo a fazer algo assim?

Josefa começou a rir da mesma forma que quando me viu pela primeira vez.

—Marina, você é uma idiota. O meu filho estava farto de você. Ele não te amava; voltou para casa chorando e me pedindo para o ajudar. Ele não queria ter um filho contigo. Ele estava destinado a fazer algo grandioso com a sua vida, não ficar com uma mulher miserável como você. Por que você acha que ele foi para Luxemburgo e te abandonou? Ele só voltou para você porque gostava de fazer sexo com você. Quando ele começou a usar a cabeça, ele entendeu que ao seu lado nunca alcançaria suas ambições e objetivos para a vida que eu o preparei. Agora ele está feliz, ele tem uma mulher rica de uma boa família. Você e o seu filho simplesmente não lhe importavam. Entendeu, puta? —ela concluiu.

Finalmente, eu entendi. Tudo tinha sido uma mentira: o amor e todas as promessas. Me lembrei de um velho ditado: «Preste atenção nos fatos, não as palavras.» Desde então, compreendi que Fernando me usava de uma forma sexual. Quando ele se cansou disso, decidiu sair sem explicação. Num acesso de raiva, dei-lhe vários socos enquanto ela chorava e ria sem parar. Eu não suportava mais. Peguei na adaga e avancei na direção dela. Ela já sabia o que estava por vir.

—Olha aqui. —Eu disse, mostrando a lâmina afiada. Vou abrir a sua barriga como uma porca e você verá as suas entranhas caírem no chão antes da sua morte. Agora vamos ver quem ri por último.

Ela gritava enquanto eu a apunhalava com todas as minhas forças. Puxei a carne para abrir o intestino através do canal vaginal dela. Os intestinos dela caíram no chão e, após alguns segundos, estava morta diante dos meus olhos.

Eu estava exausta e cansada. Me sentei no chão ao lado da piscina de sangue e vísceras. Não sei por quanto tempo fiquei assim, olhando para o cadáver dela. Parecia um campo de batalha. Josefa continuava a parecer imóvel com um desenho de dor em seu rosto. Lentamente, comecei a desfazer os nós para baixar o corpo dela até ao chão. O corpo dela caiu com um golpe brusco. Envolvi o corpo em um plástico e arrastei para o carro, colocando-o dentro do porta-malas. Eu tinha que me livrar do corpo e do veículo o mais rápido possível, e só havia uma pessoa capaz de fazer isso sem deixar rastros. Liguei para Pedro Carvalho. Sem dúvida, se alguém sabia como se livrar de um cadáver, era ele.

—Pedro, preciso de um favor. Podemos nos encontrar no meu escritório dentro de uma hora? É urgente.

—Claro, minha rainha. Te vejo lá. —Desligou o telefone.

Uma hora depois, nos encontramos. Ele já estava na porta à minha espera. Entramos e eu lhe pedi para se sentar.

—Qual é o problema, minha rainha? Há algum problema? Em que posso ajudar? —ele perguntou com preocupação.

—Não me faça perguntas, Pedro. É melhor você não saber, mas eu preciso de um favor. Preciso fazer desaparecer um carro e o seu conteúdo, algo que está no porta-malas. Não pode sobrar nenhum vestígio, Pedro, é por isso que estou falando isso contigo. Você consegue fazer isso?

Ele inclinou-se para mim e pegou docemente as minhas mãos. Foi a primeira vez que eu vi alguma emoção naquele homem.

—Claro, minha rainha, você sabe que pode contar comigo. —Não preciso saber o que aconteceu, basta você me pedir e eu faço, ninguém nunca vai encontrar vestígios disso. Vou fazer uns telefonemas e eles vão buscá-lo onde quer que você o deixe. Precisa de mais alguma coisa? —ele perguntou.

—Pedro, eu não vou continuar no negócio. Tenho dinheiro suficiente para começar uma vida. É isso que eu quero fazer. Estamos em paz com este favor que você me vai fazer, não me procure mais. Se alguma vez precisar de mim, sabe como me contactar, mas até lá, é melhor que não nos vejamos mais. Eu fiz algo terrível e, acredite, é melhor você ficar longe de mim.

Ele me abraçou e, com os olhos lacrimejados, ele disse:

—Amiga querida, vou ter saudades suas. Nunca conheci uma mulher como você; você é leal e dura, foi a primeira mulher com quem fiz negócios sérios e nunca me falhou. Você tem a mente de um homem dentro do corpo de uma mulher divina e bela. Aquele desgraçado que te deixou é um burro, todos os dias tinha uma Ferrari dentro de sua garagem e a deixou ir. Espero que você encontre o que procura e que seja feliz. É melhor não saber para onde você vai, também, seria melhor não nos comunicarmos. Foi um prazer conhecê-la.

Nos abraçamos e, depois de nos despedirmos, lhe dei o endereço onde estaria o carro e a hora exata em que eu o deixaria lá para a recolha.

Nós nunca mais nos vimos.

"O que é obsceno? Obsceno? Ninguém sabe até hoje o que é obsceno. Obsceno para mim é a miséria, a fome, a crueldade, a nossa época é obscena."

Hilda Hilst

CAPÍTULO VI

A caminho de casa, pensei em todos os anos que tinha perdido perseguindo um sonho de amor que nunca foi real. Eu queria tanto ser amada e aceita! Eu estava exausta e após chegar em casa, enchi a banheira com água quente, me servi um copo de vinho tinto velho e fui para a água. Quando terminei, pus meu roupão e me joguei na cama onde adormeci em questão de segundos.

No dia seguinte, acordei com o sol entrando pela janela. A chuva tinha finalmente parado. Uma nova vida começava. Marina e Beatriz andariam de mãos dadas de agora em diante, unidas na mesma carne. Não era necessário trancar uma e libertar a outra, era mais simples se convivessem juntas.

O primeiro passo foi mudar. O meu pequeno apartamento na *Póvoa de Varzim* já me entediava. Eu queria uma casa maior com jardins e vários quartos para trazer a minha filha para morar comigo. A casa perfeita apareceu sem muito esforço. Era uma bela casa à beira-mar, numa aldeia de pescadores chamada *Ofir*. Era uma casa antiga, construída há mais de duzentos anos. Tinha um pequeno jardim rodeado por grossas paredes de pedra. Além disso, estava rodeada por uma cerca de ferro, com *cipós* altos que cobriam tudo. Era impossível ver a casa do lado de fora.

A chave abriu a porta. Era uma porta muito antiga, por isso os ferros grunhiam por causa dos batidos da porta. Olhei em volta e, ao entrar na sala, havia uma mobilha antiga coexistindo com pinturas de cavalos, caçadores e pessoas que provavelmente já haviam morado lá antes. A senhora que me alugou a casa era uma mulher nos seus setenta anos. Seu marido tinha morrido há alguns anos e ela não podia mais viver sozinha naquela enorme casa. Seu filho mais velho a tinha levado para morar com ele, então eles alugaram a casa. Toda a sua vida se refletia em cada detalhe da casa. A louça velha e os copos de vinho na vitrine eram claramente de vários anos atrás. Eles tinham desenhos de pequenos cachos de uvas em vidros frágeis. Havia também vasos de porcelana chinesa, figuras de anjos, dançarinos, pássaros e criancinhas... Todas as delicadas porcelanas decoravam as diferentes divisões da casa.

O sofá também era velho, mas muito confortável. Era cor-de-vinho e com almofadas em vermelho escuro. Até a televisão devia ter mais de vinte anos, era uma daquelas grandes e pesadas que eram fabricadas nos anos oitenta. Me sentei no sofá e olhei à minha volta. Eu estava sozinha numa casa velha e não havia som. Achei estranho. Estava acostumada com o barulho dos carros, do elevador e da TV dos vizinhos. Pela primeira vez na minha vida, eu estava sozinha no meio do nada e uma sensação de imensa paz me invadiu. Fiz o jantar ao cair da noite. Quando me sentei para comer, senti uma enorme nostalgia enquanto me lembrava da minha mãe e da minha filhinha. Fui para a cama ler um livro e, ao entrar no meu quarto, descobri que a cama era feita de madeira de cerejeira antiga, com mesas de cabeceira e um guarda-roupa antigo cuidadosamente esculpido à mão. O marido de Melva, a senhora que me alugou a casa, tinha sido carpinteiro, um artista, que segundo ela, tinha construído aquele quarto com as próprias mãos. O teto de madeira tinha sido construído peça por peça por ambos. E o velho castiçal de ferro que estava pendurado no teto também foi construído pelos dois. Eu podia imaginar o enorme esforço que aquele casal tinha feito para construir sua casa, a dedicação e o amor que eles deviam sentir para estarem juntos por toda a sua vida.

—Bravo, senhor. As minhas felicitações e todo o meu respeito pelo seu trabalho. —disse em voz alta como se ele me pudesse ouvir.

Apaguei a luz e dormi de uma só vez.

No dia seguinte, queria dar um passeio na aldeia. A aldeia era pitoresca como tudo em Portugal. Parecia que viviam em outro século; as ruas eram estreitas e empedradas. Eu tinha calçado uns sapatos de salto agulha, por isso mal podia andar, pois se prendiam entre os buracos dos paralelepípedos. Fui a uma padaria. O cheiro intenso de café e bolos cozidos despertou meu apetite rapidamente. Comi apreciando a minha deliciosa xícara de café português. Depois continuei a minha caminhada e me dirigi para a zona marítima. Os meus passos sempre me levavam inconscientemente em direção ao mar. Ao chegar, andei pela praia enquanto observava o balançar selvagem das ondas. Mais uma vez, a paisagem se repetia.

Havia pequenos barcos de pesca em uma doca. Aparentemente, *Lavra* era uma aldeia de marinheiros e pescadores. Barcos e redes de pesca ficavam presos na praia e, num pequeno cais, havia uma espécie de marina para os barcos atracarem. «Lindo.» Pensei enquanto estava sentada na areia. O vento frio do Norte batia no meu rosto, me fazendo sentir o sabor do sal marinho nos meus lábios. Era o fim de março e ainda estava frio, mas a Primavera estava prestes a chegar. «Seria bom trazer Camila para tomar banho na praia.», pensei enquanto nos imaginava num dia de verão correndo pela praia e construindo castelos de areia.

Na hora do almoço, voltei para casa e, para me entreter, decidi explorar mais a casa. Tinha quatro quartos no andar superior, todos mobilhados com um gosto requintado e móveis antigos; camas feitas à mão com madeira nobre. «O trabalho de um artista talentoso.» Pensei. Os tetos eram também peças de madeira com acabamentos perfeitos. Aparentemente, Melva e seu marido eram apaixonados por sua casa e a construíram com cuidado. Tinha duas casas no piso superior e uma casa de hóspedes no piso térreo, onde também havia uma sala de estar e jantar com uma mesa e cadeiras de mármore maciço, também feitas de madeira antiga. Eu não conseguia parar de sentir que estava num museu. A vida estava me dando uma oportunidade única de começar de novo. Foi então que descobri uma porta no final de um corredor entre a cozinha e a sala de jantar. Parecia estar trancada, por isso não conseguia ver o que estava lá dentro. Fiquei curiosa, então tentei encontrar a chave. Procurei por toda a sala até encontrar um monte de chaves nas gavetas da vitrine. Depois, fui até à porta com as chaves.

Tentei todas elas até que, após muito tempo tentando, uma delas abriu a porta. Era um porão ou uma espécie de despensa. Desci lentamente as escadas, encostada à grade para não cair. Estava escuro, por isso tentei encontrar o interruptor da luz. Cegamente, palpando com as mãos na parede, procurei o interruptor até que finalmente o encontrei. Com as luzes acesas, fiquei perplexa e sem palavras. Era um estúdio de um artista. Havia esculturas esculpidas em madeira e algumas em mármore. O porão inteiro cheirava a umidade e tinha uma pequena porta no fundo. Eu fui até ela e tentei abri-la, mas estava trancada. Tentei abri-la com algumas chaves do chaveiro que eu tinha nas mãos, mas sem sucesso. Com ambas as mãos, comecei a bater na porta fazendo algumas pequenas batidas e percebi que havia uma parede do outro lado. A porta tinha sido emparedada. Alguém construiu deliberadamente uma parede para que ninguém pudesse entrar naquela sala. Me pareceu estranho, então pensei em perguntar à dona da casa quando ela voltasse.

Voltei para cima e passei o resto da tarde limpando a casa e organizando os armários. Em cada canto da casa havia lembranças das pessoas que um dia viveram lá: fotos, objetos pessoais nas gavetas, roupas nos armários e sapatos velhos. Eu peguei tudo o que pude. Pensei em devolver essas coisas, acreditando que ela certamente ficaria muito entusiasmada em tê-las de volta.

Depois de alguns dias, minha rotina diária se limitava a caminhadas à beira-mar e longas tardes de café na padaria. À noite, ficava enrolada num cobertor no sofá, passando muitas noites vendo televisão até adormecer. Minha vida era muito tranqüila e tudo estava tão distante que parecia um sonho. Parecia que eu tinha vivido outra vida e eu não era a mesma pessoa, que isso era apenas uma miragem. Ambas sabíamos que era apenas uma questão de tempo até minha natureza se revelar novamente.

...

Decidi começar a fazer sessões de BDSM novamente. *Lady* Beatriz voltaria. Comecei a procurar algum espaço para alugar. Era mais fácil e mais prático. O meu antigo estúdio era uma coisa do passado. Numa manhã chuvosa, olhando para os classificados, um anúncio chamou a minha atenção de forma poderosa: *«Um calabouço totalmente equipado é alugado para uso em sessões de dominação e práticas de BDSM. »*

Liguei para o número do contato e fui atendido por uma mulher com uma voz rouca:

—Olá, bom dia. —Eu disse. —Estou ligando por causa do anúncio do calabouço. Estou interessada em alugar. Quais são as condições?

Do outro lado do telefone, houve um breve silêncio.

—O meu nome é *Mistress Paula*, eu sou uma *dominadora* profissional. Qual é o seu nome? —ela perguntou.

—O meu nome é *Mistress Beatriz*, também sou uma *pro domme*. Gostaria de começar sessões no seu estúdio, se concordar, é claro.

—A minha masmorra é o meu maior tesouro. Eu só a alugo a uma *dominatrix* profissional com experiência, *dominatrix* reais. Mulheres que apreciam a arte da dominação. Nem todas conseguem fazer. Agora, qualquer garota buscando dinheiro fácil pensa que com um *strap-on* e alguns acessórios é possível exercer esta profissão.

—Sílvia, posso tratá-la pelo seu nome? Sou uma *domme* profissional e sei do que você está falando. Se você quiser, podemos nos encontrar para nos conhecermos e assim você pode avaliar minhas capacidades pessoalmente.

—Sim, concordo. Vamos tomar um café em minha casa. Você tem razão, é melhor falar cara-a-cara sobre estes assuntos.

—Amanhã à tarde está bom pra você? — perguntei.

—Sim, às cinco horas da tarde poderíamos. Vou lhe enviar o endereço e você pode vir aqui.

—Está bem, até lá então. Obrigado por tudo. Te vejo amanhã. —Desliguei o telefone me sentindo profundamente satisfeita.

Minutos depois, recebi uma mensagem com o endereço da casa.

...

No dia seguinte, às quatro horas da tarde, saí de casa e fui ao encontro da *dominatrix*. Quando cheguei, ela estava na porta esperando por mim, vestida com um sobretudo preto até os tornozelos. Ela era uma mulher de meia idade, com um cabelo preto muito liso e uma pele muito branca. Ela era uma mulher desagradável e deselegante. Fiquei surpreendida com o contraste de personalidades. Me lembrei da Sra. Luísa e da sua elegância requintada. *A "Mistress Silvia"* não tinha nada de *mistress*. Ela me recebeu na garagem de casa com tênis e calças de treino. Parecia mais uma pugilista mal-educada e descuidada. Algumas rugas afundavam a cara dela. Ela era grande e com braços fortes, quase masculina.

—Olá, eu sou *Paula*. Prazer em lhe conhecer, Beatriz —disse ela, apresentando-se.

—O mesmo vale para você, Sílvia. —Respondi enquanto demos uma à outra dois beijos de saudação.

A garagem tinha cheiro de couro e tinta fresca. Nas prateleiras, havia pegas de madeira pintadas de vermelho e preto empilhadas numa fila, algumas pareciam completas e estavam presas umas às outras com tiras de couro preto. Eu entendi que eram chicotes para BDSM. Sílvia me mostrou os seus desenhos, roupas de látex, algemas de couro, castiçais, coleiras para submissos... De qualquer forma, naquela garagem ela tinha qualquer coisa que a mente pudesse imaginar.

—Eu tenho uma loja digital de produtos artesanais BDSM. Vendo peças únicas e artesanais para vários países europeus, especialmente para Espanha, de onde você vem. Já estive em várias feiras eróticas por todo o lado: Amsterdã, Londres, Barcelona, Madrid...; em muitos lugares. Tenho clientes em toda a Europa. —Ela explicou com veemência e orgulho.

—Interessante. —Respondi sem muita emoção. Ficou evidente que esta mulher era uma daquelas típicas valentonas dos pátios de escola. Eu devia ter cuidado.

—Sou a primeira mulher portuguesa a fazer filmes sadomasoquistas em Portugal. Além disso, sou licenciada em Criminologia e já trabalhei na Polícia. Tive o primeiro clube BDSM no norte de Portugal. —disse ela sorrindo. —O meu clube costumava rodar filmes que hoje são cults no mundo BDSM. Tinha um estúdio de gravação para bandas de *rock* alternativo. Havia várias *dommes* fazendo sessões e a submissa nos servia vinte e quatro horas por dia. Me lembro de todas elas bebendo café e sentadas no chão em quatro patas com coleiras de cachorro. Nós atirávamos a bola e dizíamos: «Vai buscar, cachorrinha.» E elas iam de quatro enquanto ríamos delas.

Tanta conversa me incomodava, ela não parava de falar de si mesma como se fosse uma diva.

—É muito interessante, *Paula*. —Eu disse educadamente, mas com um certo tédio.

—No meu clube, vivíamos vinte e quatro horas numa atmosfera de liberdade enquanto o submisso pagava para passar o máximo de tempo possível sob as nossas ordens. —Ela continuou a se vangloriar.

—Por que você fechou seu clube? —perguntei.

Ela ficou em silêncio por alguns momentos, surpreendida com a minha pergunta.

—Eu tinha uma relação com um dominador e nos apaixonamos loucamente, coisas que acontecem. Agora eu tenho duas relações, vivo com dois homens nesta casa. O nome do meu marido é Rodolfo e ele tem uma personalidade submissa, enquanto o meu amante é um dominador, Bruno. Cada um me traz coisas diferentes e eles complementam a minha vida.

Fiquei surpreendida com a sinceridade de Sílvia. Pela primeira vez em toda a conversa, o rosto dela ficou ofuscado.

—Vamos falar de negócios, *Paula*. Estou aqui por causa do aluguel do estúdio. Quais são as condições?

Ela olhou para mim, como se estivesse a tentar procurar dentro de mim.

—Ouça, Beatriz: —disse ela. —Eu gostei de você. Nem uma única vez durante a conversa você falou de si mesma ou se expôs. Acho que você é uma pessoa discreta e talvez do tipo que eu procuro. Gostaria de ganhar dinheiro? Alguma coisa como dois mil *euros* por mês?

—Depende do que você me proponha. Eu já tenho dinheiro. Se eu aceitar algo diferente, é só pelo desafio. O que é?

—Eu gosto de você. Você parece uma mulher dura, com muita personalidade. Há algum tempo que procuro uma parceira como você e gosto do fato de você ser estrangeira, ninguém te conhece na comunidade BDSM e isso é uma grande vantagem.

—Interessante, mas onde você quer chegar?

—Eu tenho um investidor que quer fundar um clube privado no norte de Portugal. Acho que uma cara nova de uma *domme* bonita como você poderia atrair pessoas. Há pessoas muito poderosas e conhecidas que querem organizar reuniões e festas especiais, onde quer que seja, entende? Precisamos de uma anfitriã jovem, atraente e desconhecida. Quando te vi, soube que você era a candidata ideal. O que você acha da ideia, gostaria de participar?

—Depende do dinheiro que me paguem. Não quero arranjar problemas com a justiça, entende o que quero dizer? Só vim alugar o seu estúdio para as minhas sessões e não estava à espera disto, preciso de tempo para pensar.

—Eu compreendo, querida, e você tem todo o meu respeito. Pense nisso e me dê a resposta quando você estiver mais esclarecida. Pode usar o meu estúdio quando quiser. Só me avise com antecedência, as outras *dommes* também costumam usá-lo. Nós vamos nos organizando.

Eu disse adeus à *Mistress Paula* com a promessa de pensar na oferta e dar uma resposta em breve. Entrei no meu carro e voltei para a minha pequena cidade à beira-mar. Observei o pôr-do-sol das dunas da praia, pensando sobre a proposta. Passei dois dias pensando cuidadosamente no assunto até que finalmente decidi aceitar a proposta. Poderia ser algo interessante, então peguei o telefone e liguei para ela.

—*Paula*, está com tempo para falar comigo?

—Sim, claro. Já pensou na minha oferta? — perguntou ela do outro lado.

—Sim, era exatamente sobre isso que eu queria falar. Estou interessada no que você me propôs, mas quero saber cada detalhe e quero ter a certeza do que você tem em mente. Não me quero machucar com isto.

—Tenha calma, Beatriz. Amanhã, se quiser, pode vir à cidade e eu marco uma reunião com o investidor, para que você fique por dentro de tudo. O que você acha?

—Acho que é perfeito, é só dizer a hora e o lugar.

—Eu falo com ele e depois te envio o ponto de encontro. Te vejo amanhã.

—Sim, até amanhã. Aguardarei a sua mensagem, tenha um bom dia.

Marcamos um almoço em *Matosinhos*, em um restaurante discreto com bons frutos do mar.

Quando entrei pela porta, Sílvia e seu amigo já estavam me esperando na mesa.

—Olá, querida. —Ela disse de pé.

Quando cheguei à mesa, um homem de meia-idade, alto e de cabelo grisalho também se levantou para me cumprimentar.

—Este é o Don Jaime, a pessoa de quem te falei.

—Prazer em conhecê-lo, o meu nome é Beatriz.

—Sente-se, fique à vontade. —O homem respondeu. —Você tinha razão, Sílvia. Ela é deslumbrante.

Ela sorriu condescendentemente e baixou o seu olhar. Estava claro que o homem tinha poder sobre ela e, por alguma razão, ela o respeitava e temia.

—Obrigado, é impressão sua. —Respondi com um sorriso.

Nos sentamos juntos à mesa e, depois de encomendarmos a comida, começamos a falar sobre negócios, que era o motivo daquela reunião. Don Jaime era uma figura pública, produtor de televisão e escritor de renome, com três livros já publicados de grande sucesso, uma verdadeira figura midiática, assim como um homem refinado e com gostos requintados.

Eu não o conhecia totalmente e isso parecia diverti-lo. Começamos a falar do projeto e da necessidade de ter uma *madame* para receber seus convidados.

—Deve ser alguém chocante. Alguém que seduz com apenas um olhar, mas ao mesmo tempo, precisa ser alguém que tenha uma aura de superioridade e de ser intocável. Todos eles a precisam desejar, homens e mulheres, mas você não estará lá para os servir. Eles procuram um serviço e você só precisa torná-lo disponível, fechar as portas e o que acontece lá dentro não é da sua conta. Uma pergunta. Você usa drogas?

—Não, eu nunca usei, mas tive contato com o mundo das drogas e do tráfico, por isso estou plenamente familiarizada, nada me escandaliza. —Respondi com sinceridade.

—Perfeito, eu gosto desta garota, *Paula*. Você tem olho para as pessoas, ela é um diamante bruto. —Ele sorriu olhando para sua amiga ao lado.

Acabamos de comer e, na hora das sobremesas e do café, a conversa continuou de forma cordial.

—Se concordar, você pode ver pessoalmente o projeto. Eu me sinto confortável com você, eu acho que você é uma mulher muito corajosa e provavelmente com mais experiência do que parece. O seu rosto de anjo transmite uma impressão de fragilidade, mas os seus olhos te entregam. Eu vejo raiva e determinação neles. Beatriz, você é uma caixa de muitas surpresas. Imagino quantos cadáveres terás enterrado. — Ele riu em voz alta.

«Você não faz ideia.» — pensei comigo mesma. — «Se soubesse, teria medo.» Eu sorri e balancei a cabeça, depois olhamos um para o outro como dois jogadores de xadrez que querem adivinhar o próximo passo do adversário. No final da refeição, nos despedimos com um aperto de mão e trocamos contatos para quando tudo estivesse pronto.

—Te vejo no dia da abertura, descanse e se cuide. Sugiro que você vá à manicure, pedicure e ao spa. Você tem de estar perfeita.

—Eu irei. — disse sorrindo enquanto estava de pé e andava em direção ao meu carro.

Na minha opinião, a reunião foi, pelo menos, estranha. Jaime era um homem intrigante, com um lado sedutor e educado, mas ao mesmo tempo com um certo ar sinistro. Involuntariamente, pensei no dominador que tinha matado Marta em Villa Luísa; me estremeci tentando afastar esse pensamento. Tive de ter cuidado com ele, estava convencida de que ele tinha um lado negro. Fiquei imaginando: «Quem sou eu para julgar?» «Eu também tenho mortos enterrados no jardim.» Pensei, sorrindo com malícia.

Uns dias depois, recebi uma chamada de Don Jaime. O clube abriria em dez dias, teríamos uma grande festa de abertura e tudo teria que ser perfeito.

—Temos de nos reunir para organizar alguns detalhes, enviarei o endereço por mensagem, também, enviarei o dia e a hora para nos encontrarmos lá, está bem?

—Sim, eu estarei lá. —Respondi.

...

Na mesma tarde, recebi uma visita inesperada. A dona da casa e seu filho mais velho vieram buscar as coisas que tinham deixado em casa. Eu as tinha colocado em caixas esperando que ela aparecesse. Lhes ofereci um café, nos sentamos na sala de estar e conversamos animadamente. A Sra. Melva me contou sobre as coisas de sua vida, como ela e seu marido tinham vivido naquela casa, seu trabalho como carpinteiro e sua paixão pela arte. Lhe contei sobre as obras que tinha visto no porão e aproveitei a oportunidade para lhe fazer uma pergunta.

—Sra. Melva, eu gostaria de saber uma coisa. O que está atrás da porta no fundo do porão? A que está emparedada.

Ela permaneceu em silêncio por alguns momentos, lembrando, como se os velhos tempos estivessem chegando à sua cabeça.

—Era a oficina do meu marido. Ele passava horas lá, trabalhando nas suas esculturas. A porta não está fechada, você pode abri-la, mas ele desenhou a porta com uma fechadura escondida. É uma espécie de sala secreta. Quer que eu te mostre como se entra?

—Sim, eu adoraria, se não for muito incômodo. Seria muito interessante ver a oficina de um artista tão talentoso.

Sra. Melva adorou ouvir aquelas palavras de louvor ao seu marido, a devoção que sentia por ele era evidente, assim como a tristeza pela sua perda. Descemos as escadas até o porão e a Sra. Melva pegou um conjunto de chaves penduradas na parede. Uma delas abriu a antiga porta de madeira e havia uma parede de pedra que tornava impossível a passagem para o outro lado. Ela colocou a mão sobre uma entrada quase ao nível do chão e apertou um dos azulejos. Depois disso, a porta se abriu deixando a sala visível. Acendemos a luz e lá estava a oficina de um grande mestre.

Havia esboços e esculturas semiacabadas, algumas eram rostos, enquanto outras eram peças de madeira e móveis que faziam parte da coleção.

—Aqui meu marido criou a maioria das esculturas que você vê no jardim e algumas que ele também vendeu. Estou orgulhosa da vida que vivemos nesta casa e do tempo maravilhoso que passamos juntos. Ele foi um pai exemplar e um excelente marido.

Enquanto ela dizia estas palavras, a emoção nos invadia e eu a abraçava enquanto seu filho a segurava pela mão. Com lágrimas nos olhos, ele disse:

—Vamos lá, mãe, vamos para casa. Não te faz bem nenhum ter tantas recordações, vamos sair daqui.

Saímos novamente da oficina e a Sra. Melva fechou o muro sob o meu olhar atento. Foi interessante saber que esta divisão existia na casa. Talvez um dia eu possa precisar dela. Fomos lá para cima e os acompanhei até à porta. Ajudei a colocar as caixas no carro e depois disso, eles saíram. O resto da tarde foi dedicado a dar um passeio à beira-mar em direção ao cais, para observar os barcos dos pescadores.

Ao anoitecer, cheguei em casa um pouco triste e pensativa. Estava cansada de estar sozinha. A visita da Sra. Melva e as suas lindas recordações de uma família unida me fizeram pensar no que eu tinha perdido. A separação da minha filha era muito longa, a nostalgia dos dias felizes com Fernando, quando éramos uma família e nós três, faziam parte do meu passado. Eu não conseguia parar de pensar se ele era feliz ou não onde quer que estivesse. Eu sabia que nunca mais o veria e uma profunda melancolia me invadiu. Decidi ir buscar Camila e trazê-la de volta para viver comigo. Ela era uma menina de dez anos e precisava estar com a mãe dela.

Na manhã seguinte. Fui direto para Madrid. Após sete horas de viagem, cheguei à casa da minha mãe e a minha filha me recebeu com um grande abraço. A minha mãe também me abraçou e nós três sentamos no sofá e conversamos.

—Você está com fome, filha? Acho que sim, fiz omelete de batata, teu prato preferido.

—Sim, depois de tantas horas de viagem, seria perfeito. Obrigado, mãe, você é a melhor.

Nos sentamos na mesa e, durante a refeição, propus à minha mãe a minha intenção de levar a criança para viver comigo, de uma vez por todas.

—Tem certeza, Marina? Uma criança é uma responsabilidade, você tem de ter certeza. A sua vida é estável? Você tem dinheiro para isso?

—Mãe, não se preocupe, eu tenho dinheiro e me ofereceram um emprego onde vou ganhar muito bem.

—Isso é o que mais me preocupa, Marina. Tenho sempre a impressão de que você esconde as coisas, como se a tua vida fosse um mistério. Desde que você deixou o Fernando, você mudou muito e eu reparo que algo em você é diferente. Eu sou sua mãe e isso me machuca. Você não me diz o que se passa, o que está fazendo e eu estou sempre preocupada contigo.

—Mãe, eu não estou fazendo nada de errado, está tudo bem. Eu trabalho como *freelancer* num jornal local e tenho muito tempo livre, a menina vai ficar bem. —Menti enquanto sentia uma grande pressão no meu peito. Eu menti para ela a minha vida inteira. Ela não sabia quem eu realmente era e o que eu tinha sido capaz de fazer, mas como dizer isso sem machucá-la? sem lhe causar mais dor? Era melhor assim.

Depois de alguns dias em Madrid, partimos para o Porto. Mais uma vez, fizemos o mesmo caminho que há sete anos tínhamos empreendido cheias de ilusões. Desta vez foi diferente, o amor não esperava por mim no final da viagem, mas eu tinha algo muito mais importante, tinha Camila. Chegamos em casa ao anoitecer. Estávamos com fome e cansadas, apesar disso, Camila vasculhava todos os quartos enquanto eu fazia o jantar. Ela estava fascinada com a casa nova.

—Parece uma casa encantada, gostei muito, onde está o meu quarto, mãe? —perguntou ela.

—Escolhe um, meu amor, o que você mais gostar. Mas a melhor parte ainda está para ser descoberta, depois do jantar eu te mostro.

Os olhos dela brilhavam. Estava cheia de curiosidade. Nós conversamos animadas e, no final, eu disse:

—Camila, vou te mostrar um lugar onde você pode brincar e se esconder quando quiser. Só você e eu saberemos, será o nosso segredo.

Ela sorriu maliciosamente e, de mãos dadas, descemos as escadas para o porão.

—Uau, mãe! —Que lugar legal! É como um filme de monstros, adorei isso.

—É verdade, minha querida, é muito bonito. E o melhor é isto. —disse eu, apontando para a porta ao fundo. Peguei no conjunto de chaves velhas e abri a porta.

—Mãe, é só uma parede, onde está o mistério nisso? —Camila perguntou curiosamente.

Me inclinei para o chão e pressionei a alavanca que abriu a porta de pedra dando lugar ao quarto escondido do antigo dono da casa. Acendi a luz e Camila gritou de entusiasmo. Ela ficou totalmente espantada. Havia brinquedos antigos por toda a sala: um cavalo de madeira, bonecas de porcelana, soldados de lata que se misturavam com as esculturas do marido de Melva...

—Mãe, eu adorei isso. Podemos limpar tudo e eu poderei brincar aqui.

—Claro, meu amor. Amanhã fazemos isso, será sua sala de jogos, mas lembre-se: é o nosso segredo. —Eu disse sorrindo.

Fomos lá para cima porque era hora de dormir.

—Camila, já pra cama. Escovamos os dentes e vamos dormir.

—Sim, mamãe, mas me conta uma história e canta uma canção, por favor.

—Claro, meu amor. A mãe canta pra você.

A envolvi com um abraço cheio de ternura e comecei a cantar:

Arrorró, mi niña, arrorró.

Mi amor, duérmete,

pedazo de mi corazón.

Esta niña linda que nació de noche

quiere que la lleven a pasear en coche,

esa niña linda que nació de día

que la lleven a la pastelería.

Era a canção que a minha mãe cantava para mim todas as noites quando eu era muito jovem e uma das poucas lembranças doces da minha infância.

Nos dias seguintes, inscrevi Camila na escola da aldeia e, pouco a pouco, a nossa vida recomeçou. Adorava ter minha filha de volta na minha vida, dando-lhe banho, penteando seu cabelo comprido, cozinhando e jantando juntas, cantando canções de ninar para ela na hora de dormir. Era perfeito.

...

Recebi a chamada de *Paula*, com uma voz pausada do outro lado do telefone:

—Beatriz, amanhã você deve estar às oito horas da noite no endereço que te vou enviar por mensagem. Você tem de estar radiante, é a festa de inauguração da casa.

—Está bem, eu o farei. Envia o endereço e nos vemos amanhã, adeus.

Eu tinha de encontrar uma babá o mais depressa possível. Me vesti para ir à padaria da aldeia para pedir o contato de alguém e, quase imediatamente, me deram o número de telefone de uma senhora que estava interessada. Lhe liguei e, em cinco minutos, o problema ficou resolvido. Camila estava vendo televisão e eu me sentei ao lado dela.

—Meu amor, amanhã a mamãe vai começar um novo trabalho. Uma senhora muito simpática virá tomar conta de você à noite enquanto a mamãe trabalha.

—Está bem, mãe. Ela respondeu sem tirar os olhos da televisão.

...

Na noite seguinte, cheguei na hora marcada. Eu estava em frente a um portão automático, no endereço que Jaime tinha me enviado. Era uma casa na periferia da cidade, cercada por uma cerca muito alta que impedia os curiosos de ver o que se passava lá dentro. A senha para entrar era «Justine». A casa era linda, moderna e com uma fachada branca. O caminho de pedra, com aproximadamente quinhentos metros de comprimento, levava ao portão principal. Deixei o carro no estacionamento interno, havia vagas de estacionamento para vários carros. Subi para o último andar do elevador. *Paula* estava me esperando no salão principal para me receber.

—Como vai, minha querida? Eu te mostro a casa. Temos vários espaços: quartos privados, sala de jogos e cinema. Os quartos são no último andar, são oito no total. Vem, vou te mostrar tudo. Venha comigo.

Andamos pelos três salões individuais do clube.

—Muita gente influente virá aqui, Beatriz. O seu trabalho é ser a anfitriã e antecipar todas as necessidades dos hóspedes, dar atenção personalizada a cada hóspede e tornar especial o tempo que passam aqui. Isto não é um bordel; não temos mulheres para oferecer. Cada um dos senhores ou senhoras já têm companhia e alguns deles encontrarão o seu par aqui dentro. Os *dommes* já têm o seu próprio submisso. Você não está aqui para servi-los sexualmente. Se você fizer alguma coisa, é inteiramente por sua conta e o dinheiro que você ganha com isso é inteiramente seu, caso você decida aceitá-lo.

—Está bem, para mim está claro. —Respondi.

Enquanto andávamos pela casa, não pude deixar de reparar no luxo e bom gosto com que tinha sido decorada. Era uma mistura de estilo moderno, peças sensuais e decorativas claramente inspiradas na cultura BDSM. As paredes eram pintadas em vermelho e preto, os lustres de vidro pendurados no teto, os móveis em couro preto e o piso era estofado com um tapete vermelho. Belas pinturas escuras recriavam cenas macabras de tortura. Havia um balcão de aço de estilo industrial na sala principal, de onde sorria um rapaz alto com cabelo preto e olhos azuis.

—Renato é o nosso *barman*. —*Paula* disse enquanto apontava para ele.

—Prazer em conhecê-lo. Beatriz. —Estendi a minha mão com um sorriso.

—Vamos ter alguns submissos servindo as bebidas. Você só precisa perguntar aos clientes o que eles querem beber, você nunca deve trazer a bebida para eles. Temos um estatuto: os submissos e somente eles devem servir, é um protocolo. Estamos aqui apenas para supervisionar, como eu lhe disse, não para servir. Se você quiser fazer uma sessão com um convidado no porão, há uma sala BDSM; você pode usá-la. Vem, eu te mostro.

Subimos as escadas e, no final de um corredor, havia uma porta que dava lugar a uma sala espaçosa, totalmente insonorizada, com paredes almofadadas. Todos os tipos de instrumentos de tortura eram encontrados em uma caixa de vidro. Na parede, havia um cabide de onde se expunha uma partitura de chicotes, bastões de castigo e castiçais com os desenhos mais implausíveis e originais. Havia também uma gaiola de metal e grilhões no interior e, numa maca com rodas, havia uma pequena mesa com agulhas e instrumentos médicos. Um potro de torturas estava no centro e uma cruz de Santo André estava pregada a uma parede. Uma grande pintura de óleo em tela representava a famosa passagem bíblica do anjo caído Lúcifer, assim como uma tela dos quatro cavaleiros do Apocalipse. Para completar, havia uma grande variedade de fotos dos campos de concentração nazistas. Máscaras de gás similares às usadas na Segunda Guerra Mundial penduradas na parede acompanhadas de uma bandeira do Terceiro *Reich*, conhecido símbolo nazista.

—O que você acha de tudo isto? —me perguntou ela, cuidadosamente, procurando qualquer sinal de desaprovação da minha parte.

—Eu adorei. —Menti. —Adoro a decoração, vocês fizeram um ótimo trabalho, sem dúvida.

Ela balançou a cabeça com um sorriso de satisfação e depois saímos para os salões principais da casa. As minhas suspeitas começaram a fazer sentido. Os símbolos nazistas se repetiam nas diferentes salas e para mim já estava claro: aquele lugar era mais do que apenas um clube para BDSM e diversão liberal.

Os convidados começaram a chegar. Todos estavam elegantemente vestidos, sozinhos ou acompanhados por meninas muito jovens. A maioria delas usava uma alça de pescoço de metal que o seu companheiro masculino agarrava com a mão. Elas, como cadelas dóceis, seguiam o seu mestre. Estavam seminuas, vestidas apenas com lingerie sexy e sapatos com saltos agulha. Eram muito jovens, cerca de vinte e cinco anos de idade. Eu lhes mostrei o caminho para a sala de jantar onde o jantar iria ocorrer. Quando todos tinham chegado, nos sentamos à mesa. As meninas ficavam no chão e esperavam pacientemente pelas ordens de seus mestres. Silenciosas e obedientes, sempre de cabeça baixa e com as mãos cruzadas no colo, esperavam como cachorrinhos pela ordem dos seus donos. Tinham de comer em um comedor de cachorro e usar apenas as mãos para isso.

Todos aqueles homens eram claramente pessoas muito poderosas. Eles já se conheciam há muito tempo. Os temas de conversa eram bastante pessoais, assim eu pude deduzir que a amizade deles era antiga. *Paula* e eu nos encarregamos de organizar o serviço para que o jantar fosse servido sem nenhum contratempo. Os copos de vinho não podiam estar vazios. Antecipar os desejos dos convidados era a prioridade. Com um gesto ordenávamos ao submisso que mantivesse as taças cheias e se algum se atrasasse na sua tarefa, deveríamos impor um castigo: chicotadas ou tapas.

No final do jantar, eles foram para um quarto privado para fumar e conversar. Era exclusivamente para homens e nem nós ou os submissos podíamos entrar. Enquanto eles conversavam, nós levávamos as meninas para a sala adjacente, onde os jogos logo se realizariam. Só precisávamos esperar por elas. Elas finalmente apareceram quinze minutos depois. Don Jaime veio com um grande sorriso e, dirigindo-se a mim, perguntou:

—Beatriz, quer fazer a gentileza de trazer um chicote de pontas de metal, do tipo que se penduram na parede? Além disso, pergunte se algum dos convidados gostaria de um brinquedo e providencie tudo, por favor.

Encontrei com cada um deles para saber sobre os pedidos. Quando tudo estava pronto, tivemos de sair da sala. Só nos era permitido entrar se fôssemos chamadas ou se os nossos serviços fossem necessários. *Paula* e eu nos sentamos no corredor. De lá era possível ouvir o som seco das chicotadas, o contato quando batia na pele. Os gritos dos homens e os gemidos das meninas também podiam ser ouvidos misturados com seus choros de dor.

Perdi a noção do tempo enquanto estava lá sentada à espera. Finalmente, fomos chamadas por Don Jaime. Ao entrar na sala, o cheiro de suor e sangue era intenso. Algumas garotas estavam no chão, acorrentadas e amordaçadas, já outras, sentadas nas pernas de seus donos, completamente nuas.

—Beatriz, pode mostrar ao meu amigo Lucas como se faz uma sessão de velas? —perguntou

Don Jaime, apontando para um velho careca ao seu lado.

— Claro. — Respondi sem hesitar.

— Podemos usar a minha submissa. — Ele apontou para uma morena sentada no chão de joelhos.

Comecei a acender as velas. Esperei alguns segundos até a cera começar a derreter enquanto a inclinava sobre o corpo da menina. No início, caiu pelos ombros e depois lentamente pelo antebraço. Acendi uma segunda vela para a parte interna e, com ambas as mãos, continuei derramando a cera pelo tronco dela, fazendo círculos até alcançar as pernas. Passei vários minutos entornando a vela nos pés dela. Ela gemia e parecia gostar.

Quando terminei, Jaime se dirigiu a mim novamente, me olhou diretamente nos olhos e me perguntou:

— Gostaria de ver se você consegue remover toda a cera do corpo dela com apenas um chicote, você é capaz de fazer isso?

— Sim, claro. — Respondi.

Usei dois chicotes pequenos com cabos redondos e várias tiras. Com movimentos elípticos entrelaçados, comecei a sessão. Quando os chicotes esmagavam o corpo com ranhuras profundas, a cera começava a saltar para fora do corpo. Demorei vários minutos para completar essa tarefa, enquanto isso, a menina parecia estar em uma dor profunda, embora ela permanecesse imóvel sobre a mesa. Suas lágrimas caíam pelas bochechas, mas não havia sinais de protesto, apesar de sua pele avermelhada.

Quando terminei, Jaime inspecionou cuidadosamente o meu trabalho.

Perfeito, Beatriz, você conhece a técnica muito bem. —Ele exclamou com um sorriso. —Eu adorei os hematomas e o tom de pele que você conseguiu. Parabéns. —Concluiu, pondo a mão nas minhas costas.

Olhei de relance para ele e ele tirou a mão rapidamente, percebendo que eu não gostava quando ele me tocava.

Comecei a odiar me sentir controlada, então comecei a lamentar por ter aceitado fazer parte de tudo aquilo. No final da noite, cada convidado deixou o clube com seu submisso. Eu voltei para casa, onde a minha linda filha me esperava. Deitei ao lado dela e a abracei. Estava adormecida como um anjo. Uma paz imensa me invadiu e eu adormeci numa questão de segundos.

...

Os dias foram passando e a minha rotina no clube continuou. Estávamos abertos cinco dias por semana e os convidados eram basicamente sempre os mesmos, exceto por alguns novos que esporadicamente apareciam. Havia Don Jaime, sempre onipresente, controlando tudo, inclusive nós. Eu odiava o seu falso sorriso e tinha a clara impressão de que, se eu lhe desse a oportunidade, ele não hesitaria em me subjugar. Durante o dia, a minha vida era algo totalmente diferente. Tentava passar o máximo de tempo possível com a minha filha, levá-la à escola, ir com ela passear à beira-mar, vê-la andar de *skate*. Compensar o tempo perdido. Não falávamos do passado. Ela raramente perguntava sobre Fernando e a memória de sua infância com ele parecia ter desvanecido em sua mente. Eu também não pensava nele. Às vezes eu sentia um grande vazio no meu coração e um sentimento de perda, mas quando eu me lembrava das palavras de Josefa, não conseguia deixar de sentir raiva. Nunca mais tínhamos nos falado e a memória dos seus beijos e abraços que um dia me levaram à loucura tinham se tornado um pensamento fugaz.

Uma manhã, quando eu estava dando meu passeio habitual pelo mar, caminhei até as docas e entrei no bar dos pescadores. Às vezes eu ia pra lá, ficava tomando um café e vendo os barcos balançando no mar. Me sentei em uma pequena mesa e pedi um expresso. Não havia muita gente. Depois de algum tempo, notei que no final da sala um homem não parava de olhar para mim. Ele estava sentado tomando chá em um recipiente de metal. Ele se levantou da mesa e veio até mim.

—Eu te ouvi, você fala espanhol? —ele falou com um sotaque latino que eu gostei.

—Sim, sou espanhola. —Respondi, olhando para cima.

—É bom ouvir minha língua, eu sou da Argentina. —explicou ele, estendendo a mão. —O meu nome é Enrique.

—O meu nome é Marina. —Respondi com um sorriso.

—Você vive aqui em Portugal? Acabei de chegar no meu barco; estou fazendo uma volta ao mundo.

—Que interessante, deve ser uma grande experiência. —Eu respondi.

—Posso me sentar na sua mesa? Estou tomando o meu chá e gostaria de companhia, se não se importa, claro.

—Claro que não. —Eu também estou sozinha e é sempre refrescante ouvir alguém que fala a minha língua. Me fale do seu país, muitos argentinos vivem na Espanha. Deve ser um lugar lindo.

—E é. —ele respondeu.

Falamos durante mais de uma hora sobre as suas viagens, a sua vida e, claro, a sua bela terra. Enquanto falávamos, eu comecei a estudá-lo. Sua pele escura e bronzeada, braços fortes e costas musculosas, o olhar intenso e sua boca carnuda chamaram minha atenção. Eu não estava com um homem há muito tempo, então fiquei logo excitada. Os seus olhos negros profundos presos no meu rosto e o seu olhar me preocupavam. Senti que estava molhada e queria que ele me fodesse naquela mesa. Fechei as minhas pernas e engoli saliva baixando o meu olhar.

—Por que você está vermelha? —ele perguntou curiosamente.

—Não é nada, são só os meus pensamentos. — Respondi, sorrindo timidamente.

—Que pensamentos são esses que te fazem ficar vermelha dessa maneira? —perguntou ele, sorrindo com a confiança de quem sabe exatamente o que se passa na minha cabeça.

—Não é nada de importante. —Eu respondi. — Preciso ir buscar a minha filha na escola, está quase na hora de partir.

Me levantei da mesa, nervosa e mexendo no meu cabelo. Ele se aproximou de mim e pegou nas minhas mãos.

—Podemos voltar a nos encontrar? Vou ficar aqui por uns dias. Você gostaria de jantar comigo uma noite destas? —ele perguntou, olhando para os meus olhos.

As minhas pernas começaram a tremer enquanto um calor intenso começava a varrer o meu corpo. Respirei fundo e com uma voz agitada, respondi:

—Claro, eu adoraria. Você ainda não me contou muito sobre suas viagens. —Eu respondi tentando disfarçar meu nervosismo.

Enrique sorriu com malícia e olhou para mim de cima para baixo.

—Para uma mulher bonita como você, é impossível não querer lhe dizer tudo o que você queira saber. —Ele então soltou as minhas mãos para me dar o espaço que eu precisava para recuperar o fôlego. Lhe dei o meu número de telefone e concordamos que ele me telefonaria para confirmar algum plano para aquela noite.

Saí para ir buscar a menina na escola. No caminho de volta, não conseguia parar de sorrir e pensar nele, acompanhada por um desejo que ardia dentro de mim. Me imaginei tocando o peito dele com força, fincando minhas unhas nas costas dele. Balançava minha cabeça para frente e para trás pensando: «Cuidado, Marina; o amor pode complicar sua vida de novo, estamos indo bem.» No final da tarde, o meu telefone tocou. Era o Enrique, do outro lado da linha.

—Olá, Marina, gostaria de jantar comigo esta noite no meu barco? Eu vou preparar um peixe fresco na grelha. —disse ele.

—Tenho de chamar a babá para ficar com a minha filha, mas acho que não haverá problemas. Confirmarei mais tarde. —Respondi.

—Ok, então eu te espero. —Ele respondeu.

Liguei para a senhora que costumava tomar conta da Camila. Aquela noite era o dia de folga dela porque eu não ia trabalhar no clube, mas ela não se importou de vir. Uns minutos depois, liguei para o Enrique e confirmei a nossa reunião.

Subi pro meu quarto para tomar um banho e, depois de sair da banheira, parei em frente ao espelho por alguns minutos para olhar meu corpo nu: meus seios grandes e quadris largos, meu bumbum e minhas pernas ainda em forma. Observei meu corpo inteiro enquanto passava minha mão pelo abdômen até minha vagina. Me toquei delicadamente. Um breve suspiro saiu da minha boca enquanto enfiava meus dedos lá dentro. Estava completamente molhada, imaginando o Enrique nu sobre mim. Me deitei na cama com as pernas abertas e, depois, fechei os olhos e as minhas mãos moveram-se lentamente para dentro e fora da minha vagina, enquanto tocava nos meus seios. Os gemidos se tornaram mais intensos até eu chegar ao orgasmo. Voltei a abrir os olhos. Passei alguns momentos olhando para o teto, ansiando por aquelas sensações. Sentia falta disso, o desejo carnal e a paixão de um homem. Eu estava pronta, queria aquilo com todas as forças. Eu estava usando uma lingerie vermelha e meias-calças, um vestido preto divino logo acima do joelho e um colar de pérolas. Uns saltos agulha vermelhos. Os meus cabelos loiros ondulados e lábios vermelhos eram o toque final.

Voltei a me olhar no espelho e pensei que ainda era uma mulher bonita.

Desci as escadas e disse adeus à minha filha com um beijo na testa. Levei o meu carro até à marina dos pescadores. Enrique estava à minha espera nas docas há uns minutos. Quando ele chegou, olhou para mim e exclamou:

—Você está linda, sou um homem de sorte. — Ele sorriu timidamente. Agora era ele quem estava nervoso.

—Obrigada, você também está lindo.

Andamos ao longo da doca sob o luar até chegarmos ao barco. A mesa já estava preparada: copos de vinho e uma vela no meio. Ele me convidou para sentar e comemos um delicioso peixe fresco.

—Espero que goste, sou um cozinheiro muito humilde.

—Estou certa que estará bom, cheira bem. — Respondi.

Comemos um na frente do outro, nos olhando nos olhos e sorrindo. Falamos de diferentes assuntos: suas viagens, sua infância e o porquê de ele ter se tornado marinheiro. Enrique tinha estudado negócios para trabalhar no negócio de sua família, mas teve uma separação difícil e decidiu mudar a sua vida indo para o mar e desfrutando do que realmente amava. Uma história muito parecida com a minha. Ele era uma ovelha negra, rebelde como eu, livre e indomável como o mar. Nos conectávamos cada vez mais, os seus gostos musicais eram idênticos aos meus, adorávamos *rock* antigo e o sentimento de liberdade e criatividade da música *rock and roll*. A filosofia de vida, do aqui e agora, que tanto tinha estado presente na minha vida.

Quando terminamos de comer, ele pôs a música *Nothing Else Matters* do *Metallica*, uma das minhas favoritas.

—Quer dançar comigo? —ele me perguntou estendendo a mão.

Eu concordei sem hesitar. Ele me pegou pela cintura e dançamos um ao lado do outro, olhando nos olhos um do outro, sorrindo sob o luar. Nossos corpos estavam tão próximos que eu podia sentir a excitação. Minha vagina estava molhada, e, em nossos olhos, havia um brilho inconfundível de desejo. Ele me beijou apaixonadamente e senti que não havia mais volta. De mãos dadas, descemos para a cabana. Nos abraçamos e começamos a tirar a roupa, meu vestido caiu no chão e eu fiquei na frente dele só de calcinha. Ele ficou louco quando me viu.

—Minha nossa, você é tão bonita. Eu vou te comer toda.

Ele sacou meu cabelo dos ombros e depois começou a me beijar até a nuca. Procurei pelo seu pênis com a mão, era enorme, do jeito que eu gostava. Tirei-o para fora e desci lentamente. Me ajoelhei e coloquei na minha boca. Ele levantou a cabeça em direção ao teto e gemeu de prazer enquanto eu continuava com meus lábios apertados ao redor de seu pênis. Mamando devagar, passei minha língua sobre sua glande e ele ficou ainda mais louco. Ele me agarrou pelos ombros, me levantou do chão e me jogou na cama. Ele tirou a minha roupa interior e abriu minhas pernas. Depois, desceu até a minha vagina e começou a me lamber delicadamente. Eu me contorcia de prazer. Gritava enquanto continuava a me retorcer. Enrique tirou a cueca e ficou na frente da cama me encarando nu, depois se atirou em mim, me penetrando profundamente, se aprofundando mais e mais. Dava pra sentir todo o seu pênis dentro de mim. Ele apertava meus seios e me beijava cheio de tesão enquanto eu gemia. Fiquei de costas para que eu pudesse ver meu rabo pulando sobre seu pênis, ele apertava minhas nádegas e eu senti seu esperma inundar minhas dentro de mim.

Fomos para a cama e começamos a olhar um para o outro sorrindo. Depois de alguns minutos, fizemos amor novamente. Foram cinco vezes a noite toda. Quase ao amanhecer, voltei para casa, totalmente exausta, quase incapaz de fechar as pernas. Tinha sido a noite de sexo mais intensa que eu já tive na minha vida. Nos dias seguintes, Enrique e eu continuamos a nos ver. Tomamos café da manhã juntos depois de levar minha filha à escola, depois passamos o dia na cama intercalados com momentos de prazer e depois dormimos abraçados. Pegamos um barco e fomos pescar juntos, não falamos sobre o passado ou o futuro. Esse momento era suficiente para nós, então aproveitávamos.

...

A estadia do Enrique durou mais de um mês. No início seriam poucos dias, mas aos poucos foi se tornando muito mais. Estávamos muito bem juntos, sempre quisemos nos ver novamente e a conexão sexual e espiritual era muito forte, nossas filosofias de vida e paixão pelo mar nos uniam, estávamos juntos todos os dias. Minha filha finalmente o conheceu. Ele costumava vir jantar quando não estava trabalhando. Camila, no início, ficou desconfiada, mas ela acabou o aceitando e logo eles se tornaram amigos. Eles brincavam juntos e viam filmes. Enrique não tinha filhos e desejava profundamente ser pai.

Entretanto, o meu trabalho no clube da Justine estava ficando cada vez mais difícil para mim. Eu não queria ir em frente com isso. As noites eram eternas. A obrigação de ver o Jaime todos os dias estava se tornando insuportável. As insinuações constantes, os atritos... Era óbvio que o homem queria me possuir, e quanto mais eu resistia, mais ele o queria. Numa noite fatídica, estava sendo desenvolvido um jogo incomum. Don Jaime já estava aborrecido com as mesmas coisas. Ele queria emoções mais fortes, como um viciado à procura da sua droga. Todos os dias ele precisava aumentar a dose para poder sentir algum prazer. Sendo assim, ele entrou no quarto com um revólver velho e colocou uma bala em um dos buracos do tambor. Os seus olhos vidrados declaravam que ele estava drogado. Ele exclamou entusiasticamente:

—Agora vamos falar sério, que tal jogar um pouco de roleta russa com os nossos submissos? —ele perguntou.

Os rostos dos presentes estavam cheios de surpresa e incredulidade. Contudo, aquele bando de depravados não hesitou em aceitar. *Paula* e eu olhamos uma para a outra sem saber o que fazer. Isso não tinha sido acordado, um assassinato era demais. Entretanto, nós nos mantivemos em silêncio e fomos para o canto da sala. O jogo começou. Eles colocaram uma cadeira no centro da sala, cada hóspede tinha que sentar com seus escravos de joelhos na frente deles, colocar a arma na boca e puxar o gatilho. Jaime girou o tambor da arma um par de vezes para perder a posição da bala e depois entregou-a ao primeiro jogador. Era a vez da primeira garota. Ela tremia de medo e chorava, implorando por misericórdia. O dono dela sorria. Ela puxou o gatilho. Houve um silêncio sepulcral. Eu segurei a respiração e fechei os olhos. Não aconteceu nada. No turno seguinte, aconteceu a mesma coisa. A tensão era palpável no ar. Era apenas uma questão de tempo antes de acontecer o inevitável, eu não podia mais suportar a raiva que me invadia. A menina seguinte se ajoelhou. Ela era a escrava de Don

Jaime e ele, pessoalmente, ia puxar o gatilho. Alguns momentos antes que ele o fizesse, corri até ele e rapidamente coloquei minha mão na arma, depois falei com ele com uma voz determinada.

—Você tem de parar agora mesmo, Don Jaime. Não vê que isto é assassinato? Eu não fui contratada para ajudar neste tipo de coisas. Acho que você está ultrapassando os limites, é um jogo perigoso que eu não estou disposta a consentir.

O Jaime se levantou da cadeira e me enfrentou, cara a cara. Todos os outros participantes congelaram. Nunca se atreveram a se opor a ele. Ele me encarou de uma forma intimidante, querendo me intimidar com o seu olhar. A arma ainda estava em suas mãos. Eu mantive a calma e olhei-o nos olhos. Houve um silêncio de vários segundos, nos quais ele decidiu como deveria agir diante de uma situação totalmente nova para ele. Ele sorriu e se afastou de mim, logo depois se dirigiu aos outros espectadores e disse:

—Veem o porquê de eu ter contratado uma *dominatrix* para ser a nossa anfitriã? Só uma mulher dessas pode parar um jogo como este. Parabéns, minha querida. —Ele me disse. — Acabou de ganhar o meu respeito.

Dessa forma, o jogo e a noite chegaram ao fim. Todas as pessoas saíram e, antes de eu sair, Don Jaime me chamou para ir ao seu escritório. Sentado na mesa dele, ele me pediu para me sentar. Eu decidi que era melhor me sentar e tentar acalmar as coisas. Ele estava visivelmente irritado e com uma voz agressiva me disse:

—*Mistress* Beatriz, espero que esta seja a última vez que você me expõe publicamente. Se você souber o que é o melhor para você, você nunca mais vai fazer isso. Pode ser diferente da próxima vez, querida. Você pode ter uma surpresa desagradável.

Olhei para ele com cuidado e, medindo as minhas palavras, respondi:

—Don Jaime, você deve estar muito acostumado a ver todas as pessoas te obedecendo e beijando o chão onde você pisa. No dia em que você me contratou, deixei claro que não seria sua serva e que não estou aqui para te agradar. Se é isso que você quer, não devia ter feito, porque se algo me parece errado, direi sem hesitar. Não tenho medo de você nem de mais ninguém. Como eu, eu não sei quem você é e você também não sabe quem eu sou. Desde agora, nunca mais vou voltar aqui. Você é um homem patético como os outros, que não merece mais um minuto do meu tempo. Devia ter contratado uma falsa *pro domme* ou uma submissa para este trabalho, teria sido melhor para os teus interesses.

Me levantei da cadeira e bati a porta do escritório, enquanto ele, enfurecido, gritou:

—Puta de merda, você vai se arrepender das suas palavras. Você está morta, ninguém me desafia e vive para contar.

No caminho de volta, eu sabia que a tempestade viria e desta vez seria enorme. Jaime não ia ficar quieto, isso é certo. Cheguei em casa com a ideia clara de que devia partir, desaparecer assim que pudesse. Liguei para o Enrique e contei o que aconteceu. Concordamos em nos encontrar, depois fui para o cais. Já era madrugada e o sol nascia no horizonte criando um céu de sombras indescritíveis. Ali, junto ao cais, o Enrique esperou. Quando cheguei, me atirei nos seus braços. Ele beijou minha testa e olhou para mim preocupado.

—Marina, eu quero te ajudar. Há vários dias que quero dizer isto. Vem comigo, vamos para o mar. Vive comigo, tu e a tua linda menina podem ser felizes. O que me diz?

Os meus olhos se encheram de lágrimas e o meu coração acelerou. Não pensava que o Enrique fosse dizer essas palavras, tudo estava acontecendo tão rápido na minha cabeça.

—Eu vou contigo, mas você tem de saber a verdade sobre mim. Não sou aquela mulher doce que você pensa que sou. Sou uma mulher de duas caras e já fiz coisas terríveis.

—Marina, eu conheço o seu coração por dentro, nada muda isso. Não vou desistir de você, não importa o seu passado.

Nós nos abraçamos com força e choramos muito. Nos sentamos ao lado de algumas pedras e eu contei ao Enrique toda a minha vida. Meus segredos, o estupro de meu pai, os assassinatos, a existência de Beatriz, meu trabalho como *dominadora* e minha inclinação para a violência. Enrique me escutou atentamente sem pronunciar nenhuma palavra.

—Você ainda quer fugir comigo? —perguntei, baixando a minha cabeça de vergonha. —Eu sou um monstro.

Ele pegou no meu queixo e me fez levantar o rosto para que pudesse me olhar nos olhos.

—Não me interessa quem está dentro de você, Marina ou Beatriz, eu amo as duas porque as duas fazem parte de você. Eu consigo te ver. Você é uma mulher forte e bonita, com grande determinação e um caráter especial. Eu nunca conheci ninguém como você. O fato de você ter me contado tudo só te eleva aos meus olhos porque me mostra a sua coragem. Não me interessa quem você matou ou o que você fez. A minha oferta ainda se mantém, se você quiser. Amanhã espero por você aqui, ao amanhecer. Depois disso, navegamos.

Fui para casa com a promessa de voltar no dia seguinte para sermos três.

...

Eram 3:15 da manhã quando senti um barulho fora de casa. O som do motor de um carro foi seguido pelo rangido fraco do portão do jardim. Alguém tinha invadido a casa. Fui ao quarto da Camila e fiz com que ela saísse da cama. Peguei-a pela mão e quase adormecida, a levei escada abaixo até o porão, abri a porta do quarto secreto e disse:

—Você vai ficar aqui muito quietinha. Camila, o que quer que você ouça, fique quieta e não saia até eu vir à sua procura. É muito importante que você compreenda, por favor me diga que compreende o que eu estou dizendo.

—Sim, mãe, eu trato disso. Qual é o problema? Por que você está com medo? —perguntou ela angustiada.

—Nada, meu amor, alguém vem visitar a mamãe. Você não pode estar presente, são coisas de adultos. Põe os fones de ouvido e ouve uma música ou fique jogando aqueles jogos no *tablet* que você tanto gosta. Tem comida dentro da geladeira. Não saia até eu voltar.

Eu fechei a porta e corri para a cozinha à procura de uma faca. Eu sabia exatamente quem tinha entrado na casa e o que queria. Dois homens forçaram a porta da frente. Após alguns minutos, ouvi os passos deles através do corredor. Estavam sussurrando, mas imediatamente reconheci a voz de um deles. Era Don Jaime.

Eles se separaram e começaram a me procurar. Esperei escondida atrás da porta da sala. Alguém atravessou o limiar furtivamente, e, ao entrar na sala, avancei sobre o homem sem hesitar e o esfaqueei no abdômen e perto do pescoço. Ele caiu no chão, gritando de agonia e morreu instantaneamente. Uma corrente de sangue saiu de sua garganta na altura da carótida. Quando eu me virei, lá estava ele, Don Jaime. Eu não tive tempo de reagir. Com um soco mortal na mandíbula, ele me atirou no chão e eu caí perdendo a minha consciência.

Quando acordei, estava de mãos e pés amarrados em uma cadeira no centro da sala. A minha boca sangrava sem parar. Conseguia sentir o sabor do sangue fresco. Olhei para frente e lá estava ele, com um sorriso diabólico e acariciando um punho de ferro que carregava na mão direita, com o qual me tinha batido brutalmente minutos antes. Olhei nos olhos dele enquanto ele continuava sorrindo sarcasticamente, satisfeito.

—Olá, Beatriz. —disse ele. —Que bom que você acordou, eu estava começando a ficar entediado. Vou me divertir contigo. Vou te torturar até você me implorar para acabar com a sua vida.

Ele avançou na minha direção e me segurou pelo queixo durante alguns segundos. Eu não desviei o olhar, não tive medo e isso o deixou com raiva. Eu cuspi uma mistura de saliva e sangue que lhe cobriu o rosto.

—Puta nojenta, você vai pagar por isso. — Então ele começou a me espancar violentamente.

—Vou arrancar a sua pele, você vai implorar pela sua vida, vou tirar esse olhar desafiador da tua cara e, quando acabar contigo, nada da sua beleza vai permanecer. Sempre soube desde o dia em que te vi que íamos acabar assim. Sonhei tantas vezes em te subjugar! Fico com tesão só de pensar em te foder e te subordinar como a puta nojenta que você é. Agora estamos aqui e a hora chegou.

—Não tenho medo de você, Jaime. — Respondi, colando os meus olhos aos dele com um sorriso sarcástico. —Você não passa de um homem ridículo e insignificante que certamente não pode dar prazer algum a nenhuma mulher, por isso você gosta de torturá-las. Você quer me estuprar? Vá em frente com esse micro pênis. Tenho a certeza que, com o que você tem, não vou sentir nada.

Ele ficou louco. Avançou sobre mim com cego de raiva, tinha deixado ele furioso. Me deu um soco no estômago com tanta força que a cadeira onde eu estava sentada caiu no chão. No chão, ele continuava me chutando nas costelas e na barriga, um chute após o outro sem parar, enquanto ele continuava gritando e me insultando. Eu fechei os olhos. Lentamente, perdi a noção do tempo enquanto ele me batia. Estava tentando encontrar na minha mente alguma lembrança de um lugar feliz e de um momento feliz. Pensei na minha filha escondida no porão, a poucos metros de distância. Eu tinha que sobreviver por causa dela. Se o Jaime a encontrasse, acabaria a matando também. Uma adrenalina sacudiu o meu corpo e, juntando as últimas forças que me restavam, eu reagi.

Quando a cadeira caiu no chão, um dos braços se partiu com o impacto, deixando uma espécie de estaca solta. Ao meu lado, Jaime estava suando e exausto após o espancamento. Ele se sentou no sofá para recuperar o fôlego. Depois, enxerguei uma oportunidade, tinha de me levantar e lutar. Um dos meus braços ficou livre e eu desamarrei o outro o mais rápido que pude. Peguei a estaca nas minhas mãos e avancei para cima dele. A sua surpresa foi enorme, ele não esperava que eu tivesse forças para me levantar.

Enquanto eu emitia um grito feroz como um animal lançando seu último ataque, finquei a estaca com todas as minhas forças em seu pescoço. O sangue salpicou por todo lado num instante. Jorrava como uma corrente de água cobrindo meu rosto e tudo ao meu redor. Ele olhava para mim sem reação numa mistura de raiva e medo. Ele sabia que era o fim. Eu caí no chão de frente a ele, impotente e indefesa.

No momento que caí no chão, ele tentou se levantar e me alcançar. Seu corpo pesado acabou caindo em cima de mim, seu rosto deslocado estava a alguns centímetros do meu. Com grande dificuldade consegui deslocá-lo para um lado. Com um pouco mais de esforço, consegui chegar ao sofá, rastejando.

«O que vou fazer agora?» —disse a mim mesma. —«Este homem morto nos meus pés é uma figura pública importante neste país, ninguém vai acreditar que ele veio até minha casa para me matar. Eu estou perdida. Se eu chamar a polícia, eu não chegaria viva ao julgamento. Eu sabia demais: O Clube Justine e os excessos dos seus membros. Além disso, muitos deles eram pilares da comunidade e figuras políticas conhecidas.»

Havia apenas uma solução possível. Eu tinha de desaparecer e deixar aquele país para sempre. Tinha que me livrar dos cadáveres e fugir o mais rápido possível com a minha filha.

Consegui finalmente me mexer, com muita dificuldade, depois subi para o banheiro. Respirei fundo olhando para o espelho e sussurrei entre os meus dentes: «Aqui vamos nós outra vez, Beatriz.» Entrei no chuveiro e lavei todo o meu corpo ensangüentado, cheio de hematomas profundos. Depois, fui para o quarto para me vestir. Desci as escadas e voltei para a sala de estar, parecia um campo de batalha. Ia ser uma noite bem longa. Arrastei os corpos para a parte de trás da casa; demorou algum tempo. Não foi uma tarefa fácil, e uma vez lá, procurei por uma ferramenta para começar a desmembrá-los.

No barracão, encontrei um velho machado de lenhador enferrujado, peguei nele e disse:

—Não será o mesmo que uma serra eléctrica, mas pelo menos tenho de tentar. Vamos ao trabalho. Sorria, é preciso muita loucura para suportar tanta merda.

Primeiro, comecei com os braços. Levantei o machado e segurei-o com força. Um golpe brusco, depois outro e outro. No início foi difícil, mas à medida que me aquecia, comecei a gostar. Senti uma energia estranha fluindo através do meu corpo; sem dúvida a mesma energia que me acompanhou durante toda a minha vida em momentos difíceis. Beatriz estava sempre lá, esperando para fazer o trabalho sujo.

Ao amanhecer, estava quase tudo acabado. O suor e o sangue me cobriram novamente. «A minha filha está prestes a acordar.» Pensei. Fechei a porta do barracão e voltei rapidamente para casa para tomar banho outra vez e preparar o café da manhã. Meia hora depois, a cozinha cheirava a torrada com manteiga e café acabado de fazer. Desci as escadas até o porão para buscar minha filha no quarto escondido.

— Bom dia, meu amor. Dormiu bem, princesa? —perguntei, sorrindo com uma xícara de leite com chocolate quente na mão.

— Muito bem, mãe. — Ela disse bocejando. — O que aconteceu ontem à noite? Por que tive de dormir no quarto do porão? —perguntou ela, cheia de curiosidade.

Sorri de orelha a orelha e respondi:

— Não aconteceu nada, meu amor. A mãe teve alguns amigos de visita e nós nos sentamos para falar de coisas de adultos. As crianças não podiam estar presentes. Agora, vai tomar o teu café da manhã, temos de ir para a escola.

— Tudo bem, mãe. Estou esfomeada.

Fomos lá para cima e entramos na cozinha.

— Sim, meu amor. Aqui está a sua torrada. — disse eu, estendendo o prato na sua direção e olhando para ela com ternura.

Lhe ajudei a escovar os dentes e a pentear o seu cabelo dourado e saímos de casa para a escola. No caminho de volta, entrei no quarto e a grande piscina de sangue ainda estava lá, tudo tinha que ser limpo antes da Camila voltar. Eu passei a manhã inteira removendo os vestígios de sangue. Estava exausta, então decidi ir para a cama por algumas horas. Eu deveria ter ido buscar a minha filha às 17:00 e seria outra noite difícil. No meio da tarde, o telefone tocou. Era o Enrique, que me telefonou preocupado. Eu tinha me esquecido completamente do nosso encontro naquele dia. Não tinha tempo para pensar no que ia dizer, por isso desliguei o telefone com poucas palavras.

Ao cair da noite, depois de colocar Camila na cama e cantar sua música favorita, voltei para o barracão. Estava uma noite escura de inverno, fria e chuvosa. Acabei de cortar os corpos e depois os arrastei para o velho caminhão do dono da casa. Conduzi para o interior durante quase 50 km. Dirigi pelas estradas secundárias escuras e desertas, até chegar à *Serra de Valongo*. Parei a van em um claro na floresta.

Comecei a cavar um poço para enterrar aqueles dois homens. Ao cavar um dos buracos, me veio à mente a seqüência de imagens: o que tinha acontecido nas últimas setenta e duas horas. O suor corria pela minha testa e minhas mãos começaram a sangrar; a dor era insuportável. As lágrimas silenciosas banhavam minhas bochechas. Na minha cabeça, havia as lembranças do passado, como *flashes*, muitas peças do estranho enigma que a minha vida tinha sido. Lembrava o momento exato em que tudo começou e como Beatriz matou pela primeira vez; a sensação de euforia que eu senti quando abri o crânio do meu pai, batendo nele sem parar até deixar seu rosto desfigurado. O seu último suspiro de vida ficou preso na minha memória. E a mãe de Fernando, aquela mulher diabólica, se mantinha na minha mente. Me lembrei de quando ela confessou o envolvimento do filho no assassinato do meu bebê. A imagem dela pendurada no teto sangrando e as tripas dela no chão não foram apagadas da minha mente. Pensei que o diabo me tinha escolhido e, claro, eu não tinha decepcionado.

Durante todo o caminho de volta, pensei no que faria da minha vida dali pra frente. Eu tinha uma decisão importante a tomar, dois caminhos muito diferentes a seguir. Cheguei em casa e me sentei exausta no sofá. Vi os primeiros raios de sol entrarem pela janela; o nascer do sol tinha chegado. Eu estava decidida, peguei o telefone para fazer a chamada mais importante da minha vida, aquela que iria decidir o meu futuro. Do outro lado, fui saudada pela voz de um homem.

—Marina, há muito tempo que não ouço a tua voz! —ele exclamou do outro lado da linha.

Quando a conversa acabou, subi as escadas para o quarto da minha filha. A decisão estava clara na minha cabeça. Iríamos começar uma nova vida.